16	3	2	13
5	10	11	8
9	6	7	12
4	15	14	1

Cristina Fonseca

JUÓ BANANÉRE

O Abuso em Blague

editora 34

EDITORA 34

Editora 34 Ltda.
Rua Hungria, 592 Jardim Europa CEP 01455-000
São Paulo - SP Brasil Tel/Fax (11) 3816-6777 editora34@uol.com.br

Capa, projeto gráfico e editoração eletrônica:
Bracher & Malta Produção Gráfica

Revisão:
Adrienne Firmo
Cide Piquet
Alexandre Barbosa de Souza

1ª Edição - 2001

Catalogação na Fonte do Departamento Nacional do Livro
(Fundação Biblioteca Nacional, RJ, Brasil)

Fonseca, Cristina
F32j Juó Bananére: o abuso em blague / Cristina Fonseca. — São Paulo: Ed. 34, 2001.
208 p.

ISBN 85-7326-215-X

1. Bananére, Juó - Crítica e interpretação. 2. Bananére, Juó - Crítica textual. 3. Humorismo brasileiro. 4. O Pirralho (Revista). I. Fonseca, Cristina. II. Título.

CDD - 869.975

JUÓ BANANÉRE

O ABUSO EM BLAGUE

JUÓ BANANÉRE

O Abuso em Blague

Para o poeta e ensaísta
Haroldo de Campos,
pela reavaliação da paródia como
legítimo procedimento literário no Brasil.

"ride, ridentes!
derride, derridentes!
risonhai aos risos, rimente risandai!
derride sorrimente!
risos sobrerisos — risadas de sorrideiros risores!
hiláre esrir, risos de sobrerridores riseiros!
sorrisonhos, risonhos,
sorride, ridiculai, risande, risantes,
hilariando, riando,
ride, ridentes!
derride, derridentes!"

Vielímir Klébnikov/Haroldo de Campos
"Encantação pelo Riso"

"O atrazimo duo povolo. Io non gusto delli, prontto!

[...] I disposa tuttos munno vê a dizê che o secolo XX é o secolo do prugresso!

Prugresso una óva!!!"

Juó Bananére, 1914

"Pode ser que ainda haja um futuro para o riso. Que acontecerá quando a máxima 'a espécie é tudo, o indivíduo nada' tiver penetrado até a medula da humanidade e quando todos tiverem livre acesso a esta suprema libertação, suprema irresponsabilidade? Talvez, então, o riso tenha se aliado à sabedoria, talvez haja uma *gaia ciência*. Entrementes, na espera, tudo caminha de maneira muito diferente, enquanto se aguarda, a comédia da existência não tomou consciência de si, enquanto se espera continuamos na idade da tragédia, das morais e das religiões."

Friedrich Nietzsche
A gaia ciência

1925 - jubileu de "pau brasil" - 1950

no 396° ano da deglutição do bispo sardinha, aos vinte e cinco vindos de março.

são paulo de piratininga ao mais jovem dos seus escritores.

tupi or not tupi, that is the question

(assim falou o mandacarú)

o homenageado despede-se nos salões do automóvel clube.

Reprodução de 1950 do convite para o lançamento da *Revista Antropofágica* de 1925. Uma criação de Oswald de Andrade.

INTRODUÇÃO

Encantação pelo Riso

O que é o riso? Para o filósofo Henri Louis Bergson[1], "o riso é uma espécie de gesto social". O escritor Oswald de Andrade, num discurso sobre a sátira na literatura brasileira, proferido em 1945 na Biblioteca Mário de Andrade, definiu o riso como "um cachorro que entra na igreja; a inadequação em várias de suas modalidades".[2] Algo semelhante diria o grande teórico russo Mikhail Bakhtin, ao falar da "profanização do sagrado", do riso carnavalesco popular da Idade Média e Renascimento. Para Bakhtin, o riso é um mundo complexo que nos permite penetrar na natureza profunda do ser humano e também da própria arte e literatura satírica de todos os tempos.[3]

A sátira é a única arte que por meio da encantação pelo riso consegue ser crítica e corrosiva. Como já dizia o poeta Oswald de Andrade, "deflagra um estado de contenção, dribla o nervosismo, os autoritarismos e a pose. Instaura o insólito, o bizarro, o anormal".[4] No seu belíssimo poema-minuto do *Primeiro caderno do aluno de poesia Oswald de Andrade* (1927), o poeta já apregoava: "Amor humor"; e deixou registrado no seu "Manifesto Antropófago" (1928): "A alegria é a prova dos nove".

---

[1] Henri Louis Bergson, *Le rire, essai sur la signification du comique*, 9ª ed. Paris, Presses Universitaires de France, 1950.

[2] Oswald de Andrade, "A Sátira na Literatura Brasileira", conferência proferida no auditório da Biblioteca Municipal Mário de Andrade em 21/08/1945. Cópia taquigrafada.

[3] Mikhail Bakhtin, *A cultura popular na Idade Média e no Renascimento*, São Paulo, Hucitec, 1987.

[4] Oswald de Andrade, *op. cit.*

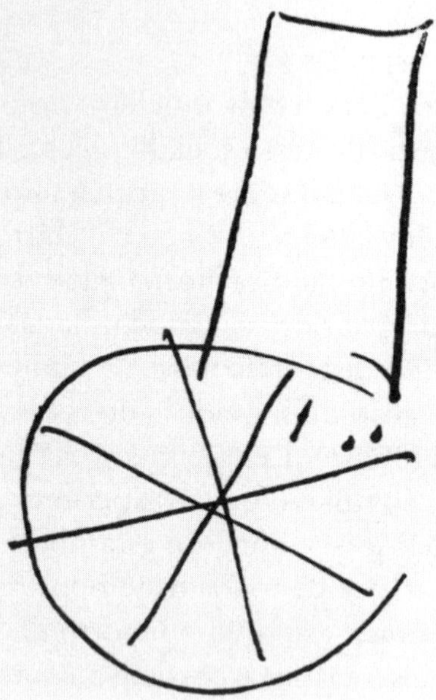

A René Bacharach

Amor

Humor

Poema-minuto de Oswald de Andrade "Amor Humor", publicado em 1927 no livro *Primeiro caderno do aluno de poesia Oswald de Andrade*.

O que singulariza, curiosamente, boa parte dos grandes artistas da risada é se mostrarem pessoas desinteressadas do *status* que a arte porventura lhes possa dar, por isso mesmo, pouco preocupados com o aspecto oficioso de aceitação de sua produção, e sim em espalhar a alegria e a revolução. Isto faz com que muitas vezes sejam considerados, injustamente, artistas menores, pois, como explica Bakhtin, desde a época pré-romântica, e em especial o Romantismo, se impôs ao ocidente uma concepção estreita do "mundo do riso" e uma tendência a desprezar a arte satírica como algo menor; principalmente quando suas fontes são da cultura popular e do carnaval: "Entre as numerosas investigações científicas consagradas aos ritos, aos mitos e às obras populares líricas e épicas, o riso ocupa apenas um lugar modesto. Mesmo nessas condições, a natureza específica do riso popular aparece totalmente deformada, porque são-lhe aplicadas idéias e noções que lhe são alheias, uma vez que se formaram sob o domínio da cultura e da estética burguesas dos tempos modernos. Isso nos permite afirmar, sem exagero, que a profunda originalidade da antiga cultura cômica popular não foi ainda revelada".[5]

O ensaísta Boris Schnaiderman, em "Paródia e 'Mundo do Riso'"[6], lembra que o crítico Antonio Candido — antes mesmo da divulgação, em nosso meio, das teorias de Bakhtin —, em seu artigo "Dialética da Malandragem"[7], a propósito das *Memórias de um sargento de milícias*, "trata da ocorrência no Brasil de uma 'comicidade' que 'foge às esferas sancionadas da norma burguesa e vai encontrar a irreverência e a amoralidade de certas expressões popu-

---

[5] Mikhail Bakhtin, *op. cit.*

[6] Boris Schnaiderman, "Paródia e 'Mundo do Riso'", *in Revista Tempo Brasileiro*, nº 62, jul./set. 1980, pp. 93-4.

[7] Antonio Candido, "Dialética da Malandragem", *in O discurso e a cidade*, São Paulo, Duas Cidades, 1993.

lares', comicidade essa que 'se manifesta em Pedro Malazarte no nível folclórico e encontra em Gregório de Matos expressões rutilantes que aparecem de modo periódico, até alcançarem no Modernismo as suas expressões máximas, com *Macunaíma* e *Serafim Ponte Grande*'".

De fato, tanto a cultura como a literatura e as artes brasileiras estão impregnadas de um espírito carnavalesco e satírico muito próprios e peculiares, que fazem parte da corrente sangüínea do país. E nunca poderemos compreender algumas manifestações artísticas do Brasil se não analisarmos com profundidade e sem preconceito essa questão. Para isso, as teorias de Bakhtin sobre o universo do riso são fundamentais.

Não se trata aqui de fazer simplesmente a apologia da gaiatice, mas de considerar a visão bakhtiniana de carnavalização, de paródia e de "mundo do riso", para compreender o que ainda é tratado como marginal, errático e até estranho em literatura, quer seja na prosa ou no verso, como paradigma de uma nova forma de literatura: dialógica em vez de monológica, polifônica e plural. Como já observou o ensaísta Emir Rodriguez Monegal, em seu artigo "Carnaval, Antropofagia, Paródia": "Na América Latina, Bakhtin foi usado até agora para explorar novas possibilidades de compreensão de períodos 'difíceis' de nossa literatura, como o Barroco colonial, ou para analisar novas formas de narrativas que surgem sob o rótulo de Neobarroco. Com menos êxito, foi também utilizado para explicar alguns aspectos da vanguarda brasileira, ou para ilustrar o uso da metáfora no mais experimental dos romancistas brasileiros do século XIX, Machado de Assis".[8]

Um desses períodos "difíceis" da literatura brasileira foi o chamado Pré-Modernismo, por tudo de subjetivo que

---

[8] Emir Rodriguez Monegal, "Carnaval, Antropofagia, Paródia", *in Revista Tempo Brasileiro*, nº 62, jul./set. 1980, p. 9.

esse conceito imediatamente desperta: considera-se usualmente pré-modernista toda a criação literária e artística do final do século XIX e início do século XX, que vem antes do Manifesto Futurista de 1909, mas que já era "moderna" em sua concepção. No caso do Brasil o mal-estar se intensifica, pois o Modernismo, como movimento propriamente dito, teve um atraso de 13 anos em relação ao europeu; portanto, seria justo considerar pré-modernista toda produção avançada esteticamente que se realizou no final do século XIX e principalmente início do século XX, anterior à Semana de 22. Dentro desse contexto, um nome deve ser urgentemente reavaliado: Juó Bananére[9].

Juó Bananére, com seu livro *La divina increnca*, publicado pela primeira vez em 1915, pode ser considerado um dos principais nomes do Pré-Modernismo e um dos grandes escritores satíricos brasileiros de todos os tempos. Depois das teorias de Mikhail Bakhtin, é mais fácil percebermos a grandeza e importância desse escritor. Além de *La divina increnca*, Bananére deixou um livro em parceria com Antônio Paes (pseudônimo de Moacir Piza), intitulado *Galabáro*, de 1917, e um número razoável de crônicas jornalísticas que produziu de 1911 até 1916, e depois, em 1933. Este é praticamente todo o conjunto de sua produção literária, que, apesar de pequena, foi de uma radicalidade e liberdade tão grandes que acabou por modificar a visão de arte moderna no Brasil, na medida em que utilizou precursoramente certos procedimentos tão caros às vanguardas do século XX.

> Io sô Juó Bananére, barbiere e giurnalista mais univerale, é tambê du Cubatõ — candida-

[9] Observem que o nome "Bananére", fugindo a qualquer regra gramatical, é acentuado na penúltima sílaba. Esse procedimento fonético faz parte da estilística singular do autor, que, para reproduzir nos seus textos a "dicção" das vozes que ele imitava, muitas vezes modificava a acentuação gráfica das palavras.

Capa de Tarsila do Amaral para a primeira edição do livro *Pau-Brasil*, de 1924, de Oswald de Andrade. Nele o escritor lançou o famoso "Manifesto da Poesia Pau-Brasil", onde propunha uma "poesia dos fatos", procedimento tão comum a Juó Bananére desde 1911.

to baolista di letteras, soci a Palestra-Italia, barbiere du Voxiton Luigi.[10]

Era assim, com profunda auto-ironia, que Bananére se apresentava em seus artigos. Verdadeiro "ridente", ele foi, na verdade, exemplo único do que se pode definir como um "cartunista-verbal": seus textos têm desenho próprio, pois são uma reprodução mimética de uma fala coloquial criada a partir do real.

O tom sarcástico foi o principal instrumento de Juó Bananére no desenvolvimento de uma temática de sabor popular. Mas não parou nisso: sua irreverência, além de temática, foi também estrutural; estendeu-se à invenção de uma linguagem macarrônica ítalo-paulista única. Em seus textos, forma e conteúdo caminham juntos. Ao criar uma *persona* paulistana do "Abaix'o Piques" do Bom Retiro, Bananére inventou também sua fala. Com isso, inaugurou um estilo novo, num gênero pouco explorado na literatura brasileira, pois caricatural às últimas conseqüências.

O macarronismo — mistura intencional, em obra literária, de duas línguas para fins paródicos — já é oposição pelo riso. No discurso de Bananére, a antieloqüência e a antiretórica contrapõem-se à estética dos versos nobres da literatura instituída de seu tempo. A saber: o Parnasianismo.

Bananére, com seu trabalho, destrói o "mito do falar bem", a linguagem dos salões prevalecente nos meios intelectuais. Nele o que entra em choque é a fala ágil das ruas contra a expressão literária do poder conservador das oligarquias. Reaproveitando as palavras estropiadas dos imigrantes proletários italianos, construiu uma obra artística *radicalmente* coloquial: *Poesia dos fatos* imbuída de um espírito modernista que só mais tarde, em 1924, Oswald

---

[10] *La divina increnca*, São Paulo, Falco Massucci, 1966. Bananére foi sucessivamente acrescentando novos textos à primeira edição de 1915, até a edição de 1925, utilizada neste ensaio. Sobre as diversas edições de *La divina increnca*, ver adiante o capítulo 7, p. 141.

de Andrade teorizaria no seu "Manifesto da Poesia Pau-Brasil"[11].

Juó Bananére foi um anti-sentimental, um antipatético e um antiufanista radical. Ele foi um combatente do *patriotismo ornamental* e um desafiador das *seriedades* impostoras.

Seus textos oscilam desiguais entre o menino troçador, que faz paródia às canções populares da época, e o crítico implacável de ataques incisivos, que parodia, por exemplo, a "Canção do Exílio", de Gonçalves Dias.

Nos momentos mais contundentes, torna-se transparente o quanto Juó Bananére foi um precursor: sua paródia à "Canção do Exílio" (1915), por exemplo, é anterior ao "Canto de Regresso à Pátria" (1924), de Oswald de Andrade. Como já disse o ensaísta e poeta Décio Pignatari, "a forma sintética e epigramática da poesia de Oswald de Andrade, os chamados 'poemas-minuto', e a sua veia parodística não deixam de ter relação com Juó Bananére", e complementa que o personagem Semanigno, da narrativa "Grime Rroroso", incluída no livro *La divina increnca* de Juó Bananére, pode ser visto como uma espécie de pré-Macunaíma.[12]

---

[11] Oswald de Andrade, "Manifesto da Poesia Pau-Brasil", *in Correio da Manhã*, Rio de Janeiro, 18/03/1924. Nesse manifesto, fundamental para a literatura brasileira, Oswald de Andrade apregoava: "A língua sem arcaísmos. Sem erudição. Natural e neológica. A contribuição milionária de todos os erros [...] Contra a argúcia naturalista, a síntese. Contra a cópia, a invenção e a surpresa".

[12] Depoimento de Décio Pignatari para o artigo "O Giurnaliste Juó Bananére e o Engenheiro Alexandre Machado", de Fernando Cerqueira Lemos, *in Folha de S. Paulo*, 28/08/1979. Nesse depoimento, Décio Pignatari faz um paralelo entre Bananére e Mário de Andrade. Ele diz: "Numa visão minha, muito específica, não tanto pela linguagem, mais pela paródia e mais ainda pela semelhança das duas personagens, o Semanigno (o menino que çacinô a mãe com três facadas) de Juó Bananére e Macunaíma, respectivamente de 1924 e 1928, alguma coisa da estrutura narrativa de 'Grime Rroroso' (em *La divina increnca*) me fez lembrar *Macunaíma*, mas só um estudo aprofundado poderia estabelecer ligações eventuais".

Os avanços estéticos de Bananére estão presentes também em seu teatro. A estranha peça-minuto *A ceia dos avaccagliado*, que o poeta, a exemplo dos futuristas, definiu como uma "peça em 1 attimo", tem muito da estrutura *nonsense* à maneira do que se faria apenas nos anos 1950, no chamado Teatro do Absurdo, de Ionesco.

A ceia dos avaccagliado surpreende, aqui e ali, por contundentes luminosidades:

> *Bigudigno* (lyrico) — Oh! non! non diga isso Garonello.../ Ricordá o passado é molto bello!/ É fazê apassà nu pensamento/ A nostra vita intêra n'um momento;/ É mudà o pensamento n'un cinéma/ I vê passà a vita come un poema [...][13]

Toda sua obra é feita por frases-achados poéticos marcadas pela modernidade temática:

> O tempo passa come um éreoplano!/ O diabo sfréga un ôglio, passa un anno.[14]

Juó Bananére foi único: Juó semelhante apenas a Juó. Na destreza de seus textos incorporou a instantaneidade e o dinamismo da aceleração urbana. Soube compreender esteticamente seu tempo e, por isso mesmo, foi o primeiro escritor brasileiro a mostrar que a descoberta da velocidade mudaria o próprio conceito de arte.

---

[13] Trecho retirado da peça *A ceia dos avaccagliado*, *in La divina increnca* (1966), p. 83.

[14] *Idem*, p. 81.

O poeta satírico e engenheiro Alexandre Machado,
que se celebrizou com o pseudônimo de Juó Bananére.

1.
QUEM FOI JUÓ?

> "Che scuitá strella, né meia strella!
> Vucê stá maluco! e io ti diró intanto,
> Chi p'ra iscuitalas moltas veiz livanto,
> I vô dá una spiada na gianella."
>
> "Uvi Strella"[1]

Caso Insólito

Juó Bananére é um caso estranho na literatura brasileira. Foi o mais popular dos autores pré-modernistas. Mas estava condenado a se transformar no menos estudado, menos compreendido e no autor mais depreciado do período.

De agrado imediato junto à classe média, foi, talvez, o primeiro grande fenômeno editorial brasileiro. Como diz Luiz Franceschini, testemunha autorizada da época: "Ao falarmos em Juó Bananére [...] Ah! Todos os de seu tempo entreabrirão os lábios num sorriso. Juó Bananére era, então, o maior humorista de São Paulo e um dos maiores do Brasil".[2]

Com seus artigos em jornal e seu pequeno livro, *La divina increnca* (1915), conquistou sucesso tão grande que Monteiro Lobato, na *Revista do Brasil* de fevereiro de 1921, falando sobre literatura, considerou-o com Cornélio Pires "os pais do atual movimento literário de São Paulo", na medida em que foram os principais responsáveis pela expansão da indústria editorial brasileira.

---

[1] "Cartas d'Abax'o Pigues", *O Pirralho*, nº 204, 16/10/1915.

[2] Luiz Franceschini, "As Sátiras de Juó Bananére Não o Pouparam do Esquecimento", *in Shopping News*, 21/11/1965.

Diz Lobato: "Pode parecer insólita a afirmação, mas é verdadeira. Foi a pequena literatura do caipira, de acordo com as *pochades* ítalo-brasileiras, que, invadindo o mercado jornalístico e livreiro, levando a toda a parte o gosto da leitura e provando a possibilidade certa da indústria literária, sugeriu, animou e promoveu este belo e pujante florescer das letras".[3]

Com um trabalho singular e de extraordinária repercussão nos meios literários e editoriais brasileiros, fica difícil supor que Bananére não tenha influído poderosamente nos destinos da literatura nacional. No entanto, a crítica literária nunca se deteve seriamente sobre o assunto.

O peculiar estilo macarrônico que Bananére utilizou em seus textos chegou a despertar a curiosidade de alguns críticos influentes, como Otto Maria Carpeaux[4], ou de historiadores de peso, como Brito Broca[5]. Mas até hoje Bananére continua relegado apenas à categoria de escritor extravagante. Um autor divertido das crônicas de jornal do início do século XX. Mantido nebulosamente entre os escritores de leitura fácil e amena. Distante da grande literatura; fora dela.

Podem ser levantadas diferentes hipóteses para explicar o silêncio e o preconceito diante de figura tão insólita. Mas, com certeza, um dos principais motivos para que a obra de Bananére tenha sido relegada à subliteratura meio *kitsch* da *belle époque* encontra-se no que o crítico russo Mikhail Bakhtin definiu como uma visão preconceituosa da arte do riso, que se apoderou do pensamento formal depois do Renascimento e até os nossos dias. Afirma o

---

[3] Wilson Martins, *História da inteligência brasileira*, vol. 6. São Paulo, Cultrix/Edusp, 1976, p. 173.

[4] Otto Maria Carpeaux, *Vinte e cinco anos de literatura*. Rio de Janeiro, Civilização Brasileira, 1968.

[5] José Brito Broca, *A vida literária no brasil: 1900*. Coleção Documentos Brasileiros, Rio de Janeiro, José Olympio, 1975, 3ª ed.

ensaísta: "O divertido, o alegre, ganhou com o tempo o matiz de coisa inferior".[6] O que explica que os poemas-piada de Oswald de Andrade só fossem reabilitados quarenta anos depois de publicados.

Outro fator importante a se considerar: o aspecto realmente complexo e polêmico de sua obra, que de fato o colocou à margem da margem do *establishment* literário, foi a radicalidade com que se apoiou na paródia.

Toda a sua obra é uma armadilha, na medida em que, mesmo ao olhar mais livre de preconceitos, Bananére desperta a imediata e falsa impressão de que não criou nada. Isso porque em sua obra nada se cria, tudo se parodia. E a paródia, que é a sua grande força criadora e inventiva, transforma-se, a uma leitura rápida, ingênua ou mal-intencionada de seu trabalho, no que acaba por destruí-lo aos olhos da crítica. Mas hoje, à luz de novas teorias literárias, que levam em consideração inclusive a cultura de massa e alguns conceitos que com ela se lançam, redescobrir Bananére tornou-se uma necessidade e um desafio.

Juó Bananére deve ser imediatamente colocado entre os grandes autores nacionais. E para redimensioná-lo, além de uma investigação profunda nos domínios da literatura cômica — que "tem sido tão pouco e tão superficialmente explorada"[7] —, torna-se fundamental a retomada de noções sobre a aura na obra de arte, função da paródia e originalidade da criação artística no século XX.

Engenheiro e Jornalista

Juó Bananére é o pseudônimo literário do engenheiro, poeta e jornalista Alexandre Ribeiro Marcondes Machado. Escritor paulista do Vale do Paraíba, nasceu em Pindamonhangaba, no dia 11 de abril de 1892, e faleceu em São Paulo, de anemia perniciosa, aos 41 anos, em 22

---

[6] Mikhail Bakhtin, *op. cit.*

[7] *Id., ibid.*

de agosto de 1933. Não teve filhos, e sua esposa, Diva Melo Barreto Marcondes Machado, morreu três anos depois. Ambos estão sepultados no Cemitério da Consolação.

Recontar sua vida pessoal não é tarefa das mais fáceis. Alguns dados ainda são obscuros ou imprecisos, pois os fatos que originam sua biografia encontram-se fragmentariamente em alguns raros livros de autores de sua época e em esparsos depoimentos de amigos ou mesmo conhecidos para artigos de jornal.[8]

Filho do médico José Francisco Ribeiro Marcondes Machado e de sua segunda esposa, Mariana Machado, o escritor vinha de uma família tradicional paulista, de remotíssima origem veneziana (da família dos Maricondi)[9]. Mesmo não sendo filho de italianos, o "paulistaniano", como foi apelidado por Monteiro Lobato, era um "conhecedor do idioma peninsular e um erudito no trato do nosso"[10], o que mais tarde só favoreceria sua literatura singular.

Alexandre passou a infância em Araraquara, onde estudou todo o primário. Depois, mudou-se com a família para Campinas. Findo o curso secundário de humanidades, veio para São Paulo e entrou na Faculdade Politécnica da USP, formando-se engenheiro em 1917.

---

[8] As informações bio-bibliográficas sobre Juó Bananére foram levantadas em: *Um homem sem profissão: sob as ordens de mamãe*, de Oswald de Andrade, São Paulo, Globo, 1990, p. 19; *Cavaquinho e saxofone*, de Alcântara Machado, Rio de Janeiro, José Olympio, 1940; *Carcamanos e comendadores*, de Mario Carelli, São Paulo, Ática, 1985; *A vida literária no Brasil: 1900*, de José Brito Broca, *op. cit.*; em *Dicionário literário brasileiro*, de Raimundo Menezes, Rio de Janeiro, LTC, 1978; e nos artigos de jornal: "Juó Bananére", de Raimundo Menezes, *O Estado de S. Paulo*, 28/11/1948; "As Sátiras de Juó Bananére Não o Pouparam do Esquecimento", de Luiz Franceschini; "Breves Apontamentos sobre Bananére", de Daniel Linguanoto, *Correio da Manhã*, 28/03/1948.

[9] Informação obtida no artigo "Breves Apontamentos sobre Bananére" de Daniel Linguanoto.

[10] Mário Leite, "Prefácio" à edição de 1966 de *La divina increnca*.

Desde muito cedo, "Sinhô", apelido com o qual Alexandre era tratado pelos familiares, interessou-se por literatura. Ainda criança, em Araraquara, começou a compor versos satírico-humorísticos, que circulavam em jornaizinhos manuscritos da cidade.[11] Mas foi principalmente por necessidade financeira que Alexandre ingressou seriamente no jornalismo.

Aos três anos de idade, o escritor ficou órfão de pai, e desde pequeno acompanhou a luta de sua mãe, viúva e sem fortuna, para criar seus nove filhos. E Alexandre, assim como seus outros irmãos, logo teve que trabalhar. Sua personalidade independente não admitia patrões, por isso, ainda que mal remunerado, resolveu ser cronista avulso de jornais.

Sua mãe, Mariana, era uma mulher de muita fibra; montou uma pensão, como era costume na época, e conseguiu, sozinha, propiciar estudo e formar oito de seus nove filhos em medicina, odontologia, engenharia e pedagogia. Somente uma das irmãs de Bananére não se diplomou.[12]

Em São Paulo, cursando a faculdade, a vida de estudante foi de muita dureza. Somando uma intensa atividade jornalística aos exaustivos estudos de engenharia, Alexandre Machado ia se virando como podia. Somente depois de formado, e já no exercício da profissão de engenheiro, é que o poeta e escritor se emancipou economicamente, podendo levar uma existência mais folgada.[13]

---

[11] Luiz Franceschini, *op. cit.*

[12] *Idem.*

[13] Diz Raimundo Menezes, em seu artigo citado, que "desafogadamente instalado na vida, sem quaisquer preocupações de ordem monetária, com o escritório de engenharia a prosperar e a proporcionar-lhe apreciável provento, surgiu a figura desopilante de Juó Bananére". Nesta observação há um erro de datas, pois Bananére estreou em *O Pirralho*, em 1911, e se formou engenheiro em 1917. Só depois de formado é que ele montou sua empresa de engenharia. Mas nesse período, como escritor, Alexandre Machado já era conhecido por todos os

A mãe e os nove irmãos de Alexandre Machado.
De pé: Armando, América, Brasílio, Ricardo e José Benedito (enteado de D. Mariana). Sentados: Maria Angélica, Vicentina, D. Mariana (sua mãe), Maria José e Mariana.

A Turma da Politécnica.
Da esquerda para a direita, em pé: João Caetano Alves Jr., Cássio Costa Vidigal, Humberto Soares Camargo, o poeta Luiz Gonzaga Colângelo, o prefeito Prestes Maia, João de Góis Manso, Sayão Filho e Camilo Bergson. Sentados: Eurico B. Guimarães, Manoel da Costa Negrais, Paulo de Morais Barros Filho, José Toledo Morais, Manoel Archer de Castilho e Jorge Macedo Vieira.

Associando-se a Otávio Ferraz Sampaio, colega de turma no ginásio e na Escola Politécnica, fundaram a bem-sucedida empresa de construção Sampaio-Machado. Juntos, os dois engenheiros assinaram obras importantes em São Paulo e no interior[14]. Entre elas o Edifício Chavantes, situado na rua Benjamin Constant, em São Paulo.

Sobre o engenheiro, o pesquisador Mario Carelli tece as seguintes observações: "Quando o engenheiro Marcondes Machado morre, a 22 de agosto de 1933, deixa uma obra de arquitetura imponente, mas pouco original. Antes de concluir os estudos, em 1917, ele sofre a influência de Ricardo Severo e se interessa pela arte barroca. Chega mesmo a ser um dos primeiros a fazer longa viagem às cidades históricas de Minas Gerais, por volta de 1919. Escreve então *A arquitetura colonial no Brasil*, que é publicado em 1926. Seus projetos, na linha neoclássica de influência italiana, como, por exemplo, o Clube de Araraquara, jamais caem nos excessos de certos *capomastri*, cujo estilo ornamentado demais é qualificado de 'compoteira',

---

paulistanos. O sucesso popular de Juó Bananére foi sempre muito grande. Alexandre Machado ingressou no jornalismo como meio de subsistência. Só depois de formado e já com empresa própria é que pôde abrir mão das crônicas como fonte de renda. Tanto que em 1918 o engenheiro já não escrevia para jornais, retomando a atividade apenas em 1933, com seu *Diario do Abax'o Piques*.

[14] Em depoimento para o artigo "O Giurnaliste Juó Bananére e o Engenheiro Alexandre Machado", de Fernando Cerqueira Lemos, no jornal *Folha de S. Paulo* de 28/08/1979, o arquiteto René Nusdeu (que defendeu tese de mestrado sobre o desenvolvimento urbano de Araraquara) diz que, no campo de projeto arquitetônico, Alexandre Machado está entre os três engenheiros que tiveram destaque na cidade de Araraquara: "Um foi o prof. Alexandre Albuquerque, que criou o teatro municipal [...]; outro, o prof. Silva Neves, que projetou a Maternidade Gota de Leite [...]; por fim, pelo porte de suas obras, destaca-se o engenheiro Alexandre Marcondes Machado [...] que marcaria a paisagem urbana de Araraquara com seus edifícios ecléticos e de rigorosa simetria: plantas, fachadas, disposições de ornatos e molduras, como reflexo do ensino ministrado na Escola Politécnica".

'tutti-frutti' ou ainda 'macarrônico'. Pouco importa que seus projetos sejam de estilo colonial ou neoclássico, ele não é inovador, mas seus negócios prosperam e isso lhe permite consagrar mais tempo às atividades jornalísticas".[15]

Alexandre Machado exercia a arquitetura. Deixou um único livro sobre o assunto, *A arquitetura colonial no Brasil*, um álbum ricamente ilustrado sobre arquitetura barroco-mineira, considerado, atualmente, obra rara.

Apesar de ter lançado este livro e ter sido sempre bem-sucedido na profissão, o poeta não se notabilizou como engenheiro, mas com sua atividade paralela, de jornalista e escritor. O homem público foi Juó Bananére.

Jornalista e Escritor

Alexandre Machado começou sua atividade jornalística como revisor. Escreveu artigos de encomenda para jornais importantes, como *O Estado de S. Paulo*[16], e se firmou definitivamente em 1911, quando adotou o pseudônimo de "Juó Bananére" e passou a integrar a equipe de articulistas do tablóide paulistano *O Pirralho*, dirigido pelo escritor Oswald de Andrade.

As crônicas irreverentes de Alexandre Machado em *O Pirralho* agradaram de imediato. E Juó Bananére, o espalhafatoso personagem ítalo-paulista criado por ele, logo se tornou uma das figuras literárias mais populares do período, ocultando completamente o pacato engenheiro Marcondes Machado. Com exceção dos amigos e familiares, ninguém sabia quem era o homem que escrevia aqueles artigos por trás da máscara.[17]

---

[15] Mario Carelli, *Carcamanos e comendadores*, São Paulo, Ática, 1985, p. 104.

[16] As informações de que Alexandre Machado foi revisor e que chegou a fazer artigos de jornal sob encomenda, antes mesmo de seus trabalhos como Juó Bananére, se encontram no livro de Mario Carelli *Carcamanos e comendadores*, p. 103.

[17] Depoimentos de amigos e testemunhos autorizados da época, co-

Assinando como Juó Bananére, Alexandre Machado fez sua estréia no dia 14 de outubro de 1911, no número 10 de *O Pirralho*.

Para dar veracidade ao seu personagem, Alexandre Machado criou, com rara maestria, uma paródia da fala inculta da primeira leva de imigrantes italianos que chegavam a São Paulo e que ocupavam os bairros do Brás, Barra Funda, Bexiga e Bom Retiro. A linguagem caricatural do malazartes ítalo-paulista acentuava a comicidade do texto. Intensamente crítico, despertar o riso sarcástico era o efeito fundamental de sua estilística:

> Magine ô Redattore che io stava fazendo un inzercito no Bô Retiro e tambê un d'abax'o Piques. Giá tenía fazido os batalhon, e as compania c'os commandanti i tudo. O capitó Rodorfo fazia o cornetero. O inlustre coronelo Piadade tocava tambore c'oa lata do garozeno. O Nacarato fazia o soldado cavallo junto co Ruge e co Pieríno m'érmon. Tudo os senatore c'os deputado teníam o commando dos peloton cas cumpania. O Hermese da Funsega fazia o papello da guida do o inzercito. Os sordado razo era tudo patrizio che fazia o sapatere do Brais o ingraxati in da Rua 15, o Tylburero na Luís, o caregatore, o briganti, o vendedore da aranxa-pera-ro-Rio, eccetera.[18]

Misturando os códigos ortográficos do idioma português e do idioma italiano, quebrando a sintaxe de um deles, inventando palavras por semelhança fonética, mudando a semântica de alguns termos, ou ainda utilizando

---

mo os dos engenheiros Luiz Franceschini, Alberto Prado Guimarães e seu colega de classe Mário Leite, confirmam que Alexandre Machado se ocultava por trás do pseudônimo.

[18] Trecho da primeira crônica de Juó Bananére para *O Pirralho*, 14/10/1911.

uma sobreposição caótica de palavras dos dois idiomas, Juó Bananére apresentava-se como "poeta, barbieri e giurnaliste": um personagem popular, inculto, mas perspicaz que, "à maneira dos barbeiros da praça do Bexiga"[19] — um dos redutos italianos da São Paulo daquela época —, comentava tanto os fatos corriqueiros como os acontecimentos importantes do período.

Através de sua linguagem estropiada e de suas observações jocosas ou mesmo travestidas de irônica candura, é que a sátira se realizava.

A principal fonte de inspiração de Alexandre Machado estava nas ruas. O engenheiro e professor Mário Leite, colega de turma e amigo pessoal do escritor, lembra que "a Escola Politécnica ficava na Rua Marquês de Três Rios, numa quadra extrema do populoso Bom Retiro", e comenta: "Obrigados, para o acesso à escola, ele, eu e outros colegas, ao percurso de ruas desse bairro, ouvíamos freqüentemente dos magotes de bambini louros e morenos, originários de casais do norte, centro e sul da Península, vivos álacres, em partidas de bola, de peteca ou de amarelinha, de mistura com meninos da terra, sem faltar um ou outro pretinho, essa algaravia carregada de frases populares locais, entremeadas de expressões em italiano, entrecruzando-se com chamamentos e ralhos, vindos das portas e dos interiores, ou com gritos dos pregoeiros. Alexandre gravava todo aquele curioso vozeio para apresentá-lo 'por intermédio' de Juó Bananére".[20]

Valendo-se da fala estropiada que ouvia dos italianos nas ruas e bairros mais simples, Alexandre Machado criou um macarronismo próprio, e com ele desenvolveu todo o

---

[19] Mario Carelli, *op. cit.*, p. 104.

[20] Mário Leite, *op. cit.* Nessa edição de *La divina increnca*, os editores consideram que o livro de Bananére teve sua primeira edição em 1924, o que está errado. A primeira edição de *La divina increnca* data de 1915.

seu estilo. Suas hilárias crônicas em ítalo-paulista deram o tom libertário de *O Pirralho*. Além disso, fizeram tanto sucesso junto ao público, que acabaram sendo responsáveis pelo aumento da tiragem do periódico.

Quando estreou em *O Pirralho*, Alexandre Machado tinha apenas 19 anos. Mas já nessa época, como pôde testemunhar Mário Leite[21], o escritor era dotado de uma "sólida cultura e uma promissora inclinação para as letras". As crônicas de Juó Bananére, repletas de citações eruditas e construídas com um macarronismo de artesania sofisticada, saíam com certa facilidade, numa quase displicência. Lembra-se Mário Leite de que pôde, "mais de uma vez, observá-lo em aula, numa ou noutra daquelas que existem em todos os cursos, sem atrativo para os alunos, atento não à preleção, mas elaborando a coluna que apareceria no dia imediato, no semanário de que era colaborador, em parceria com o caricaturista Voltolino, que ilustrava seus escritos".[22]

O testemunho de Mário Leite sobre a displicência com que Juó Bananére escrevia seus artigos faz crer que o autor tinha um grande domínio dos idiomas italiano e português, além de um admirável espírito de observação e mimetismo verbal.

---

[21] *Idem*.

[22] *Idem*, p. 9. O semanário ao qual Mário Leite se refere é o importante tablóide paulistano *O Pirralho*.

O PIRRALHO

S. Paulo, 12 de Agosto de 1911

Director-Proprietario: JOSÉ OSWALD N. DE ANDRADE
Secretario: OSWALD JUNIOR
Representante no Rio: RENATO LOPES
Redacção: Rua 15 Novembro, 50-B

NUMERO I

Assignatura por Anno 10$000

COMO FOI

O Pirralho nasceu n'um sabbado ao meio-dia. Os sinos tocavam, como todo sabbado, ao meio-dia.

Ora, dessa circumstancia occasional concluiram que *O Pirralho* ia ser bispo. Porque quando um bispo chega, os sinos tocam geralmente.

Mais tarde, *O Pirralho*, com extravagante precocidade, rimou *Sobrinho* com *Biscoitinho*. Os circumstantes pasmados viram n'isso uma grande vocação de poeta declarada.

Logo, porém, vieram affirmar-se os seus puros instinctos de *crila* incorrigivel, caçoador e risonho.

Ficaram portanto desvalorisados os seus calmos precedentes

Foi por esse tempo que Mimi Aguglia trouxe á cidade provinciana, a victoria do seu theatro.

O Pirralho amou-a grandemente, e uma noite, apresentando-se, febril de convencido que estava, lhe fez a seguinte oração:

«O' sacerdotisa da dôr!

Eu amo o teu olhar que corta fundo.

Eu amo a tua mascara que evoca as apparições funestas e resuscita na scena os phantasmas antigos.

Eu amo a tua arte frenetica, depois as tuas attitudes d'estatua que aterram, depois a tua alma siciliana, a tua paixão estonteadora, a tua vida soberba!»

Nesse ponto, Mimi•Aguglia não teve mais arte para se dominar e rio.

Vendo então *O Pirralho* desconsolado, falou:

— Queres um autographo, não é? Já estou habituada a esses pedidos, minha linda creança.

O Pirralho ficou rubro de encabulado e respondeu:

— Não senhora, não é isso, é que eu não sou nenhum anarchista para nascer e não me baptisar. Eu quero que a senhora seja a minha

Primeira edição do tablóide *O Pirralho*, de 12 de agosto de 1911, fundado por Oswald de Andrade e Dolor de Brito, o jornal que lançaria o escritor Juó Bananére.

2.
O *PIRRALHO*: ALEGRIA E REVOLUÇÃO

> "Nu arto du Garvaglio tenia uma cruiz,
> I pindurado ingoppa, o corpo di Jesuis.
> Notte di tempestá. Nuvolas gôr di garvô,
> Corria pelo çéu como um bando di leitó.
> A lua, redonda come uma melanzia
> I branga come un biglietto di lotteria,
> Derramava na terra una illuminaçó
> Migliore du gaiz i migliore du lampió.
> Du Braiz a Barafunda, do Ó ao Billezigno,
> Non si iscuitava né un baruligno.
> Jesuis, prigado na cruiz, stava spirano.
> I os corvo imbaxo stava spiano."
>
> "O Gazúa i a Polizia"[1]

Uma Revista com Tendências Modernistas

O Pirralho foi fundado por Oswald de Andrade e Dolor de Brito em agosto de 1911, sob a égide da excitação intelectual e artística produzida pela presença em São Paulo da famosa atriz trágica Mimi Aguglia e do importante compositor italiano Mascagni.[2]

---

[1] *O Pirralho* nº 201, 04/07/1915.

[2] Esse fato fica muito claro no irônico artigo de apresentação do jornal, concebido nos seguintes termos, tão bem resumidos pelo historiador Brito Broca, em seu livro *A vida literária no Brasil: 1900*, na p. 239: "*O Pirralho* passava a contar como arranjara um padrinho. Nascera num sábado ao meio-dia. Mais tarde, com extravagante precocidade, rimara sobrinho com biscoitinho. Os circunstantes, pasmados, viram nisso grande vocação de poeta. Logo, porém, vieram firmar-se os puros instintos de crítica do incorrigível caçoador risonho". Foi por esse tempo que apareceu em São Paulo a grande atriz italiana Mimi Aguglia. *O Pirralho* "conta que, louco de amor, a ela se apresentou uma

A redação do tablóide era no centro da cidade de São Paulo, na rua XV de Novembro, 50b/sobrado. Era uma sala simples ao fundo de um corredor, com uma escrivaninha, um sofá e algumas cadeiras.

Financiado pelo próprio pai, Oswald de Andrade, com sua revista, deu início às suas atividades jornalísticas, e foi o grande agitador de *O Pirralho*. Na época, ele ainda era um desconhecido aspirante a escritor, mas seu tablóide com tendência modernista já se caracterizava pela iconoclastia típica de seu dono.

Nessa época, como diz o historiador Brito Broca, "este ainda era um Oswald pré-modernista, de cavanhaque alourado, lembrando um oficial da guarda imperial russa, escrevendo em colaboração com Guilherme de Almeida peças em francês (*Mon coeur balance*) e saudando Emílio de Menezes em vesperais parnasianas. Apesar disso já revelava o futuro autor de *Serafim Ponte Grande* os pruridos iconoclastas que iriam caracterizá-lo. Mantinha a seção 'Lanterna Mágica', onde em meio a muitas crônicas anódinas se mostrava não raro combativo. E em *O Pirralho* publicara alguns capítulos das *Memórias sentimentais de João Miramar*, cuja forma submetida a completo desmonte iria produzir a versão modernista do romance lançado em 1924".[3]

O *Pirralho* durou de 1911 a 1917. Os jornais e revistas culturais eram o grande meio de comunicação do início do século XX, e este semanário, destinado sobretudo à camada abastada da população, teve larga aceitação entre

---

noite, declarando-lhe: 'Ó sacerdotisa da dor! Eu amo o teu olhar que corta fundo...', e nesse tom prosseguiu a exaltar-lhe a alma siciliana, a paixão estonteadora, a vida soberba, até que Mimi, não podendo mais conter-se de rir, perguntou-lhe se queria um autógrafo. Encabulado, O *Pirralho* respondeu: 'Não é isso, eu não sou nenhum anarquista para nascer e não me batizar. Eu quero que a senhora seja minha madrinha'. Mimi gostou, riu, aceitou o convite, e juntamente com Mascagni, que na ocasião também se achava em São Paulo, levou O *Pirralho* à pia batismal".

[3] José Brito Broca, *op. cit.*, p. 240.

a classe média paulistana. O próprio Oswald de Andrade, em seu livro *Um homem sem profissão: sob as ordens de mamãe*, lembra que, por ocasião de sua viagem à Europa, "tivera tal êxito *O Pirralho*, que pude arrendar, por dez contos de réis, a tabuleta, o título e uma mesa".[4]

Oswald de Andrade conta ainda que "em torno do *Pirralho* juntou-se uma súcia de poetas, escritores e jornalistas improvisados, entre os quais apareceram Paulo Setúbal e um mulato, Benedito de Andrade, que se dava ao luxo de usar o apelido de Baby, pronunciado em português: Babi. [...] Era um analfabeto absoluto, mas senhor também duma suficiência absoluta. Apareceu logo ele com originais de uma crônica esportiva que, corrigidos por mim, publiquei na revista. Passou a ser o nosso cronista esportivo".[5]

Esse episódio demonstra o despojamento com que a revista foi concebida. Ainda assim, não demorou muito para que Oswald de Andrade conseguisse a colaboração dos principais escritores cariocas da época: Olavo Bilac, Emílio de Menezes, Goulart de Andrade, José do Patrocínio Filho, Affonso Celso, Thomas Cunha etc.

Contou também, em suas páginas, com a presença do jovem poeta Guilherme de Almeida, que iniciava suas atividades literárias, com o escritor Cornélio Pires, que imitava nos seus textos uma "fala caipira", com as ilustrações e caricaturas do jovem pintor Di Cavalcanti e com as caricaturas surpreendentes de Ferrignac. E foi responsável pelo lançamento de dois grandes artistas no cenário nacional: o cartunista Voltolino e o escritor Juó Bananére.

Ao utilizar em suas páginas os trabalhos do caricaturista ítalo-paulista Lemmo Lemmi, de pseudônimo Voltolino, estava lançando um dos maiores desenhistas e ilustradores brasileiros de todos os tempos.

---

[4] Oswald de Andrade, *Um homem sem profissão: sob as ordens de mamãe*, p. 69.

[5] *Idem*, p. 64.

Um moleque de rua, símbolo da publicação, foi idealizado por Voltolino, pseudônimo do caricaturista paulista Lemmo Lemmi.

Voltolino foi um dos caricaturistas mais típicos da vida paulistana. Sua carreira teve início por volta de 1905, na pequena imprensa de língua italiana publicada em São Paulo, composta por inúmeros jornais humorísticos de tendência combativa, que circulavam pela colônia da cidade. Por volta de 1909, suas caricaturas apareciam na revista carioca *O Malho*, ao lado de outros grandes cartunistas da época. Mas foi em *O Pirralho*, revista em que atuou durante seus sete anos de existência, responsabilizando-se pelas capas e as principais ilustrações internas, que Voltolino se popularizou.

Como diz Ana Maria Belluzzo: "De tal forma a caricatura de Voltolino permeia *O Pirralho* que seria impossível pensá-lo sem a feição crítica que Voltolino lhe empresta, ao estampar dez a vinte desenhos por exemplar. A dimensão mais vigorosa da crítica política sai de suas mãos".[6]

Sobre Juó Bananére, confirma Brito Broca que "foi O *Pirralho* que lançou esse escritor tão original e pitoresco em dialeto macarrônico ítalo-paulista, cujas crônicas de inventiva desopilante prepararam terreno para o Modernismo, ridicularizando muitos valores formais em que repousava então a nossa literatura".[7]

O Pirralho não era uma publicação homogênea quanto à sua modernidade. Como observa Brito Broca, "a revista se ligava por um lado ao clima 1900 e por outro já prenunciava o Modernismo. Não dispensava ainda umas colunas de prosa melíflua com os 'Bilhetinhos a Míriam', gênero subsimbolista com larga aceitação na época. Mas só a presença de Juó Bananére nas suas páginas constituía uma nota viva de irreverência e demolição".[8]

---

[6] Ana Maria de Morais Belluzzo, *Voltolino e as raízes do Modernismo*, Rio de Janeiro, Marco Zero, 1992, p. 39.

[7] José Brito Broca, *op. cit.*, p. 240.

[8] *Id., ibid.*

O principal fator de modernidade de *O Pirralho* residia no fato de que, ao mesmo tempo que seguia a tradição brasileira dos periódicos de críticas de costumes — que vinham desde o tempo do Império —, o tablóide tinha uma singularidade: o Brasil que ele retratava já não era o dos nomes luso-brasileiros, mas um novo país, que estava nascendo com a imigração, principalmente italiana, e com o acelerado processo de industrialização que se desencadeava. Apontava o fenômeno social de uma *urbe* internacional que se formava com a imigração, mas que ainda era muito provinciana, e a presença modificadora da imigração italiana no país e a criação de uma nova "língua-linguagem": o ítalo-paulista. Nesse contexto, Alexandre Machado/Juó Bananére se revelou, construindo uma obra radicalmente impregnada desse novo mundo. Por essa razão foi ele o grande catalisador do que havia de mais avançado nos procedimentos estéticos do período.

A Coexistência do Velho e do Novo

O Pirralho foi concebido como uma publicação moderna, que utilizava recursos em voga, como ilustrações, charges e fotografias. Pretendia ser um espaço para o novo, pautado pela sátira e pelo humor. O próprio nome *O Pirralho*, cujo símbolo, idealizado por Voltolino, seria um moleque de rua — um vendedor ambulante de jornais, tão familiar às ruas da cidade naquela época —, já determinava essa tendência brincalhona, esperta, jovem e irreverente, capaz de desbancar o velho com suas argúcias.

Segundo o historiador Brito Broca, foi "a revista mais típica e importante do 1900 paulistano e também a mais representativa do nosso Pré-Modernismo [...] uma revista ilustrada e literária da importância da *Kosmos* no Rio".[9]

Assim como a *Fon-Fon*, a *Careta* e outras revistas ilustradas do Rio de Janeiro, *O Pirralho* não tinha somente

---

[9] *Idem*, pp. 238-9.

Em 29 de setembro de 1911, a Itália bombardeava Trípoli, e em outubro *O Pirralho* já retratava o conflito recém-iniciado. Mais tarde, Bananére publicaria no tablóide a sua versão em "1 attimo" d'*A Guerra Ítalo-Turca* (1913).

um caráter humorístico, mas também literário, social e político. Nos seus primeiros cinco meses de vida, por exemplo, a revista se impusera pela audácia com que participara da campanha civilista.

De pensamento liberal, *O Pirralho* será, desde o início, marco na transição da velha para a nova ordem política e social do país: a passagem da República da Espada, representada pela figura do general Hermes da Fonseca, para a República Civil, dos "senhores do café", representada por Rui Barbosa, Rodrigues Alves e todos os cartolas[10] do período.

Oswald de Andrade diz que "a vida de *O Pirralho* tornou-se intensa e importante no cenário político, em que se lutava pelo civilismo de Rui contra a ditadura de Pinheiro Machado". O escritor diz ainda: "Eu deixara o *Diário Popular*. E numa excursão à cidade de Socorro conheci um dos maiores líderes políticos de São Paulo. Chamava-se Washington Luís Pereira de Sousa, era Secretário da Justiça e Segurança, e fazia-se temido por sua conhecida energia. Suas palavras sobre minha revista foram de tal modo elogiosas e favoráveis que, sem embaraço, aceitei o convite que me fez de vê-lo em sua Secretaria. Aí, espontaneamente ele se dispôs a auxiliar financeiramente *O Pirralho*, que considerava um valor na luta que se desenvolvia em torno de Rui Barbosa contra o hermismo controlado por Pinheiro Machado".[11]

Por essas palavras pode-se facilmente dimensionar a importância política que a publicação alcançou. Mas vale lembrar que suas avançadas posições políticas são tão importantes quanto o espaço cultural que ela ocupou.

A integração arte/política, aliás, faz parte de um es-

---

[10] Expressão usada na época para designar a poderosa oligarquia do café, em função da grande cartola que era usada nos trajes sociais.

[11] Oswald de Andrade, *Um homem sem profissão: sob as ordens de mamãe*, p. 67.

pírito mundial de época, no início do século XX, e que seria mantida até pelo menos os anos 1960.

A ensaísta norte-americana Marjorie Perloff, ao falar da "arena de agitações" estéticas que a humanidade atravessava nas primeiras décadas do século XX, observa muito bem que um dos mais importantes aspectos dessas agitações foi ter produzido "uma aproximação breve mas notável entre vanguarda estética, política radical e cultura popular".[12]

Momento Futurista: o Mundo em Ebulição

Contraditório e *kitsch*, instigante e belo, o tablóide *O Pirralho* tornou-se logo a mais fiel tradução de sua época.

Sempre na ordem do dia, foi uma das primeiras revistas a fazer referência ao poeta futurista Marinetti, que em 1909 agitava a Europa com idéias iconoclastas sobre arte e literatura. E nada havia de mais moderno que suas curiosas seções sobre cinema ou ainda suas notas sobre o inventor brasileiro Santos Dumont e sobre o futebol — um esporte do momento —, acompanhadas de notícias sociais sobre os jovens e intrépidos esportistas de nosso país.

O início do século XX, no mundo ocidental, foi um período de grande euforia. A ciência e a técnica ofereciam espetaculares invenções: o automóvel, a fotografia, o cinematógrafo, o aeroplano. Sob o signo da velocidade, começava a era das máquinas, do conforto, dos movimentos políticos radicais, das vanguardas e das utopias.

A natureza humana se desvendava através de obras de Sigmund Freud (*A interpretação dos sonhos*, 1900) e de Henri Bergson (*A evolução criadora*, 1907). As mulheres, pouco a pouco, começavam a se despir e a participar de atividades que antes lhes eram proibidas. Ao lado do dândi surge um novo tipo de homem: o jovem esportista.

---

[12] Marjorie Perloff, *O momento futurista*, São Paulo, Edusp, 1993, p. 20.

A coragem e a intrepidez eram cantadas através dos esportes, da vida ao ar livre e do perigo de desafiar as alturas numa audaciosa viagem de balão.

As artes, através de movimentos ousados e radicais, tentavam captar o fervilhante tempo moderno, e transmudar completamente suas formas de atuação. Ao lado das manifestações artísticas de outro século, que ainda se impunham na *belle époque*, o mundo vivia seu intenso "momento futurista", como tão bem definiu a ensaísta Marjorie Perloff.

Adotando concepções de Renato Poggioli, em seu livro *Theory of the avant-garde*, Marjorie Perloff lembra que "o momento futurista pertence a todas as vanguardas e não só àquela que teve esse nome"[13]. Referindo-se ao movimento futurista propriamente dito, a ensaísta diz: "O movimento assim denominado foi apenas um sintoma significativo de um estado mental mais amplo e profundo. O futurismo italiano teve o mérito de, ao fixá-lo e expressá-lo, cunhar o termo mais feliz como sendo seu próprio rótulo". E complementa: "As manifestações futuristas representam, por assim dizer, uma fase profética e utópica, a arena de agitação e preparação, para a anunciada revolução, se não para a revolução em si mesma".[14]

O *Pirralho*: Pré-Modernismo e *Belle Époque* no Brasil

Com características próprias, a *belle époque*, contraditória e risonha, também ocorreu no Brasil. E seria retratada de forma precisa nos artigos, fotos e ilustrações de O *Pirralho*.

As duas primeiras décadas do século XX representam um momento de profundas transformações no país, que já vinham ocorrendo desde o final do século XIX.

---

[13] *Idem*, p. 9.

[14] *Id.*, *ibid.*

Neste número de 1911, o traço irônico de Voltolino criticava os maneirismos à européia dos artistas brasileiros do início do século XX.

A política foi marcada pela turbulenta passagem da Monarquia para a República, e, com ela, o fortalecimento do exército como organização. Surge um novo grupo de desvalidos: o negro liberto; e uma nova classe social: os proletários imigrantes.

Exterminados todos os focos monarquistas e extintos todos os "pruridos do florianismo"[15], o país entrou numa fase de relativa calma e prosperidade, marcada pelo governo de grandes realizações de Rodrigues Alves: Oswaldo Cruz iniciava sua campanha de extinção da febre amarela, e o prefeito Pereira Passos dava início ao seu plano de urbanização da cidade do Rio de Janeiro.

No dia 7 de setembro de 1904, estava pronta a Avenida Central, e, como diz Brito Broca, "a transformação da paisagem urbana se ia refletindo na paisagem social e igualmente no quadro de nossa literatura"[16].

Na ciência, na medicina e na literatura, três grandes gênios — o inventor Santos Dumont, o sanitarista Oswaldo Cruz e o escritor Euclides da Cunha — revolucionavam o país. Personalidades absolutamente modernas, as três celebridades conviviam lado a lado com homens ainda saídos do século XIX, como o poeta parnasiano Olavo Bilac e o jurista Rui Barbosa.

Representantes de uma oligarquia branca e bem-nascida, Bilac e Rui Barbosa eram figurões intocáveis: verdadeiros totens e tabus da sociedade da época. Desfilavam pelas ruas e salões da cidade, em pleno verão carioca, com casacas pretas de lã, cartolas exageradamente altas e ar grave.

Expressando-se num fraseado francês, aliado a uma elegância inglesa, Bilac e Rui Barbosa completavam o quadro triste de um mundo severo, religioso, solene e patriarcal que estava prestes a ruir.

---

[15] José Brito Broca, *op. cit.*, p. 3.

[16] *Id.*, *ibid.*

No quadro da literatura, caberia ao complexo ensaio social de Euclides da Cunha, ao romance de Lima Barreto e à "vivência brasileira de Monteiro Lobato [...] o papel histórico de mover as águas estagnadas da *belle époque*, revelando, antes dos modernistas, as tensões que sofria a vida nacional"[17].

No quadro jornalístico, atuando no plano cultural, social e político, caberia ao *Pirralho* esse mesmo papel.

---

[17] Alfredo Bosi, *História concisa da literatura brasileira*, São Paulo, Cultrix, 1975, pp. 343-4.

AS CARTAS D'ABAX'O PIGUES

Lustrissimo signore redatore!

Má che nome furo incontrá O Piralho.

Nun posso né scrivê uma linha já tenho di dá risada porcasa esclusivamente do nome do Piralho.

Ma isso num é nome -- Piralho.

Nome é Fanfulla, Stado, Curéo, també Lustraçó Paolista, donde é redatore o Capalunga.

Inveis io gustei muto do Piralho ma che nome! tenho sempre che ri chi né o bobo!

Minteressó també o artigo da candidatura de fazê o Carlo Guimaráes presidente do Stado.

Purqué io també só fluenza inletorale no prospero distrito d'abax'o Pigues, donde tenho tuda a famiglia e també os filho o Gennarino, o Pepino e a Marriquinha que va fazeno a custuréra.

O Carlo Guimaráes, aquelle si é um bó pra fazé o prisidente, nó o Rudorfo da Miranda né o capitó.

O Rudorfo fumo compagni di scuola comigo no grupo du Bó Ritiro. Aquelle é um bóbo piore de eu. Intó també eu quero fazê o prisidente da Republica.

Cum tuda a estima
da consideraçó

ANNIBALE SCIPIONE.

A primeira das "Cartas d'Abax'o Pigues", 19/08/1911, em *O Pirralho* nº 2. Uma invenção de Annibale Scipione/Oswald de Andrade.

O PIRRALHO 5

O Biralha

Xornal allemong

Anno brimérro — Rettadorr-xêfe - FRANZ KENNIPPERLEIN — Numerro guadro

O *Biralha*, publicado dentro de *O Pirralho*: macarronismo também com o alemão.

3.
BANANÉRE E AS TAIS "CARTAS D'ABAX'O PIGUES"

"Daí eu botei um telegrame soprado'o rei dizendo que non seria mais taliano e fui mi alistá cidadó d'abax'o Pigues. Cua stima da consideraçó."

"Cartas d'Abax'o Pigues"[1]

A Caricatura Verbal e o Desenho Caricatural

O Pirralho foi marcado pela ilustração, pela caricatura e pela charge. E teve o mérito pioneiro de não valorizar apenas o desenho caricatural, mas também a caricatura verbal, isto é, textos escritos coloquialmente, com vocábulos e articulações que parodiavam as diversas falas urbanas que surgiam na babélica São Paulo, em função das fortes correntes migratórias atraídas pela industrialização.

Desde seu lançamento, ao lado das colunas sociais e literárias, em que ainda se publicava poesia parnasiana e colaborações francesas, a revista trazia seções com uma "linguagem caipira": a chamada "Correspondência de Xiririca", assinada por Fidêncio Costa[2]. Está presente nas páginas de *O Pirralho* a hilária seção estrangeira, em linguagem alemã, denominada "*O Biralha*, um xornal allemong". Nesse aspecto, Alexandre Machado não foi o único a desenvolver esse estilo de texto, mas, dentro desse novo gênero de escritura, o grande sucesso do jornal são mesmo suas crônicas ítalo-paulistas da seção "Cartas d'Abax'o Pigues", assinadas por Juó Bananére.

---

[1] *O Pirralho* nº 10, 14/10/1911.

[2] Provavelmente Fidêncio Costa é pseudônimo do escritor Cornélio Pires, que no jornal era responsável pelas "Cartas Caipiras".

siou-se de coronel Piedade, trepou

na rabeira do 1.º carro que passou e foi para a estação.

Lá chegando desceu do carro e foi-se aproximando como quem não queria. Na porta imaginem o que elle viu...! O Piedade com um for-

midavel telescopio, a examinar todas as pessoas que entravam. O *Pirralho* tremeu! mas não foi de medo, foi de frio... Em todo caso, era o diabo aquillo! Pensou... Ora! Que não arrisca não petisca — disse o *Pirralho* comsigo mesmo; e entrou. Quando ja se julgava livre, o Piedade gritou: — E' esse! é esse!

O *Pirralho* não duvidou! largou as malas e *fincou* o pé na estrada;

quando tinha dado apenas alguns passos foi pegado.

— Não machuquem! disse o *coronel*. Não machuquem que eu quero comel-o inteirinho, frito com

manteiga e tomar uma pinguinha por cima.

De um canto escuro da estação surgiu então um vulto inteirinho raspado e disse:

— Comel-o-ei eu!

Todos se curvaram, inclusive o Piedade.

O *Pirralho* olhou para ver quem era... Era o Capitão!!

— *Pirralho* cafageste; hei de comer-te ensopado com gallinha preta! disse elle.

Então o *Pirralho* n'um rasgo de eloquencia gritou: Mamãe olha a

cara delle!... e emquanto ficavam todos pasmados e bestificados ante aquella audacia, o *Pirralho* fuzilou pela rua afora.

De repente uma nuvem de poeira surgiu lá em baixo e n'um instante já estava quasi junto ao *Pirralho!!*

Era a gente do Capitão. Que fazer pensou elle! se cahir nas mãos desta gente não fico vivo nem por um decreto de Christo! Então resolveu suicidar-se e enveredou para o lado do Viaducto e precipitou-se.

— Maldição exclamou o Capitão furioso.

Neste momento o *Pirralho* accordou. Tinha cahido da cama. Eram 10 horas, e o *Alencastro*

Piedade passava *fonfonando* pela rua 15.

Cartas de Xiririca

Hi, seu redatô, as coisa p'r'estas banda tá felveno que nem sabão no taxo. Os turuna do bairro tão loco p'ra morde que o Conseiero trepe no pulero. Os poco de helmista ja cabaro de contá prosa, e quá o que! tão enfiado drento de casa que nem cascudo na toca.

Mais ansim mêrmo eu me peguei de feio co Xaviezinho.

Este tá Xaviezinho e o fio mais taludo do Coroné daqui; e entonces, como o Coroné qué botá o fio

As tais "Cartas de Xiririca" de Cornélio Pires.

Na artesania do macarronismo — mistura intencional de duas línguas para fins paródicos —, Alexandre Machado/Juó Bananére foi um mestre, e ainda que interessantes e bem-humoradas, as outras caricaturas verbais do tablóide, tanto a caipira como a alemã, são desiguais e carecem de força construtiva.

De qualquer maneira, todas essas seções são de uma importância muito grande para a análise lingüística do que se passava no período. Se foi com humor que o jornal registrou todas essas transfusões vocabulares, nelas também estava implícito o moderno debate que surgia na época, nas rodas literárias mais avançadas, sobre os diversos dialetos brasileiros. E, mais importante ainda, a necessidade de valorizá-los, como busca de uma dicção brasileira, e não mais portuguesa, para a literatura nacional.

Vale lembrar que uma das principais inovações literárias do Modernismo de 22, que representou uma grande conquista estética, foi justamente esta: aproveitar a fala coloquial das ruas e das diversas regiões brasileiras, com todas as suas flexões, e através delas inventar um "novo código para a literatura, diferente dos códigos parnasianos e simbolistas"[3]. Fundar, com esse procedimento, uma linguagem literária "brasileira e universal".

As Tais "Cartas d'Abax'o Pigues"

As cartas do "Abax'o Piques" ou "Abax'o Pigues" (esse nome surge, nos artigos de *O Pirralho*, com essas duas variações), ao mesmo tempo em que imitavam a fala estropiada dos ítalo-paulistas, parodiavam a correspondência dos leitores nas revistas de moda.

Com o pseudônimo de Annibale Scipione, foi na verdade o próprio Oswald de Andrade quem deu o nome à coluna de "Cartas d'Abax'o Pigues" e inaugurou a seção.

---

[3] Alfredo Bosi, *op. cit.*, p. 373.

No número 2 de *O Pirralho*, de 19 de agosto de 1911, é ele quem assina esses artigos ítalo-paulistas.

O "Abax'o Pigues", correlato fônico de "Abaix'o Piques", era a forma popular como ainda se costumava chamar, em 1910, o bairro do Bexiga e redondezas — na época, um dos redutos italianos da cidade. A nomenclatura "Abaix'o Piques" remete à formação da própria cidade de São Paulo e tem uma história curiosa, que até o início do século XX estava presente na memória pública.

O chamado Largo do Piques — também conhecido como Largo da Memória — e o Largo do Bexiga originaram a atual Praça das Bandeiras e representam o ponto inicial da formação do bairro do Bexiga.

No século XIX, o Largo do Piques integrava-se ao Parque do Anhangabaú, também conhecido como Córrego das Almas, por causa de seu riacho, que ainda não era canalizado. Existiam duas pontes na região. A primeira ficava no caminho de Pinheiros, atual Rua da Consolação, e se chamava Ponte do Piques. A segunda era conhecida como Ponte do Bexiga e se situava no início da Ladeira de Santo Amaro.

No Largo do Piques, em 1814, foi construído um chafariz, que em 1876 seria destruído, e também um monumento que ainda existe, chamado de Pirâmide do Piques — atual Obelisco da Memória. Em função das condições propícias do local, até o final do século XIX realizavam-se uma vez por semana concorridos leilões de escravos. Com a abolição da escravatura, os leilões terminaram, "mas ficaram na memória do Largo as recordações desse tempo".[4]

Segundo a historiadora Nádia Marzola, até 1888 a principal função do Largo não estava ligada ao comércio de escravos, e sim ao movimento de tropas. Nádia Marzola

---

[4] Nádia Marzola, "Bela Vista", *in História dos bairros de São Paulo*, vol. 15, pp. 40-1, 46-7, publicado pela Secretaria Municipal de Cultura e pelo Departamento do Patrimônio Histórico, Divisão do Arquivo Histórico, São Paulo, 1979.

comenta que "o Largo do Piques era o ponto de convergência de tropas de mulas, enquanto do outro lado do Vale do Anhangabaú, o Largo do Riachuelo era o ponto de convergência de carros de boi vindos de Santo Amaro, carregados de madeira e pedra para construção".

O Piques era o local de onde irradiavam quase todas as estradas antigas. Como define a historiadora, "uma espécie de boca da cidade voltada para o sertão, com seu chafariz, as suas pontes, os seus riachos, as suas hospedagens, as suas invernadas e os seus ferradores", mas acrescenta que, "ao mesmo tempo que funcionava como ponto de irradiação dos caminhos de ligação com o sertão, o Piques era também zona de prostituição, com pretas sentadas em cadeiras nas calçadas, sendo conhecido como 'Abaix'o Piques'".[5]

Sobre a nomenclatura "Piques", Nádia Marzola explica que é possível supor que deriva da brincadeira chamada "pique", tão conhecida das crianças, mas que ocorreu o contrário: a própria brincadeira foi conseqüência do nome do largo, já existente. Diz a historiadora: "Brincavam as crianças de outrora no Piques, como brincaram no Largo da Forca, da Pólvora, da Bica de Baixo, do Carmo, provindo daí os nomes dos brinquedos *angolinha*, *Bento que bento*, *frade*".[6]

Marzola também acrescenta que, em sua origem, a palavra "pique" continha a idéia de *provocar*, no sentido de *confronto*, *rusga*, de "toque satírico a alguém, afrontoso, para o picar — tão ao sabor da época provinciana".[7]

A historiadora explica que "era comum ter-se *piques* com alguém". Citando Manuel de Souza Pinto, diz: "[...] e o *piques* por *dá cá aquela palha* seriam familiares naquela baixada de um rio hospitaleiro, onde, ao lado da Ponte do

---

[5] *Id.*, *ibid.*

[6] *Id.*, *ibid.*

[7] *Id.*, *ibid.*

Lorena, se reuniam lavadeiras *piqueiras*, pelo mister de lavarem, ao descampado, roupa suja de todo mundo".[8]

Em 1911, quando O *Pirralho* foi lançado, as ruas e os bairros de São Paulo passavam por uma rápida transformação. Desde 1906, o córrego do Anhangabaú e seus afluentes, Bexiga e Saracura, estavam canalizados. Toda a região estava aterrada, e já não havia mais mercado de escravos, nem ponto de encontro de tropeiros ou a baixa da prostituição. Mas não foi por mero acaso que Oswald de Andrade batizou sua coluna de "Cartas d'Abax'o Pigues", imitando na escritura a maneira como os italianos pronunciavam o nome.

Um Nome e Seus Significados

Tratando-se de Oswald de Andrade, nenhum trocadilho surgia sem "pensamento". Já na época o futuro escritor era um mestre na concepção de títulos, tiradas espirituosas e frases feitas. "Cartas d'Abax'o Piques"/"Cartas d'Abax'o Pigues" não fugiu à regra; bem mais que um título sugestivo, com diversos significados, sintetiza em si mesmo o teor dos artigos que continha.

As crônicas satíricas, quase todas de cunho político, tinham um forte tom contestatório, ao mesmo tempo em que mantinham o espírito bem-humorado e de irreverência "moleque", propostos pela linha editorial da revista. Nesse aspecto, "piques" está de acordo com um dos significados do termo: "brincadeira de criança".

Só que, nos artigos brincalhões, também fica implícita uma alusão ao jogo político da época: um "esconde-esconde" de forças, típico da República Velha, na qual quem governava nem sempre era o mandante.

O presidente militar Hermes da Fonseca, por exemplo, não passava de um fantoche nas mãos do caudilho

---

[8] Manuel de Souza Pinto, *Terra moça: impressões brasileiras*, Porto, Chardron, 1910.

O jovem Oswald de Andrade quando ainda não era
o *enfant terrible* da literatura brasileira.

Pinheiro Machado, que de fato detinha o poder. E a política nacional se caracterizava por uma espécie de brincadeira grotesca de crianças, em função das irresponsabilidades políticas que se processavam, mesmo entre os seus representantes mais conscientes. Por isso mesmo, o "Abaix'O Pigues" pode ser compreendido como um "basta à brincadeira".

A nomenclatura assume, então, seu outro sentido: o de afrontar, picar/protestar satiricamente algo ou alguém. E também o de lavar publicamente a roupa suja da política brasileira. Aquilo/aquele que se esconde nas tramas políticas é sempre revelado nas linhas desaforadas dessa seção.

A ambigüidade/complexidade desse título não pára por aí. As "Cartas d'Abax'o Pigues", além de serem um protesto político contra os desmandos do poder, eram porta-vozes do imigrante italiano em São Paulo. E isto também está contido em sua nomenclatura.

Ao mesmo tempo em que "Abaix'o Piques" se refere à região do Bexiga, por ser uma expressão subjetiva, acabou incorporando ao seu significado todos os outros bairros da cidade em que os italianos se encontravam. Numa interpretação semântica/sígnica de "Cartas d'Abax'o Pigues", pode-se ler "cartas da região italiana da cidade" ou ainda "cartas dos italianos".

Ainda que subliminarmente, ao remeter o leitor à historiografia da cidade — a região do largo do "Abaix'o Piques" como era em sua origem —, Oswald de Andrade faz lembrar que a antiga zona de convergência de viajantes, de comércio de escravos e prostitutas negras, apesar das mudanças geográficas e da expansão econômica de São Paulo, continuava a mesma.

Ao acabar com a mão-de-obra escrava, os antigos senhores de engenho, agora travestidos de industriais, apenas substituíam a camada mais desprivilegiada e marginalizada do país — os negros — por novos e infelizes estrangeiros: os imigrantes italianos.

No censo realizado em 1910 pelo IBGE, havia no Brasil mais de 2,4 milhões de imigrantes, o que representava 10% da população do país, que girava em torno de 24 milhões de habitantes.

Até essa data, a massa estrangeira era composta por 2 mil japoneses, 104 mil alemães, 333 mil espanhóis, 703 mil portugueses e, em contrapartida, 1,3 milhão de italianos.[9] Portanto, eram eles que mais chegavam ao país. Ao lado dos outros imigrantes, ocupavam cargos de portuários, cocheiros, gráficos, tecelões entre outras ocupações braçais.

Os italianos traziam sua experiência de artífices e seus conhecimentos de máquinas a vapor. Vinham principalmente para São Paulo, empregar-se na construção civil, promovendo a expansão dos bairros e construindo casas em estilo europeu. Engrossavam as fileiras proletárias das grandes indústrias, formando um exército anônimo de operários com condições subumanas de sobrevivência.

A mecanização em larga escala do processo produtivo promoveu a depressão dos salários e a incorporação maciça de mulheres e crianças. O fantasma do desemprego favorecia que todos se submetessem às condições absurdas dos patrões: a jornada de trabalho na primeira década do século XX, por exemplo, era de 16 horas diárias e seis ou sete dias por semana.

Como descreve a *Enciclopédia Nosso Século*, "não existia previdência social, nem direito à aposentadoria; operários eram demitidos sem maiores explicações e os freqüentes acidentes de trabalho nunca eram indenizados. As crianças operárias (cerca de 50% do proletariado), muitas das quais com 5 ou 6 anos de idade, eram constantemente espancadas por capatazes. As mulheres, mais numerosas do que os homens na indústria têxtil, não só recebiam salários inferiores, como viviam à mercê das inves-

---

[9] *Enciclopédia Nosso Século*, vol. 2, São Paulo, Abril Cultural, 1980, p. 12.

tidas sexuais de seus chefes. E as mutilações pelas máquinas eram freqüentes".[10]

As "Cartas d'Abax'o Pigues" tanto podem ser vistas como um espaço em que a voz operária tem vez, como um "protesto" e um "abaixo", não só às injustiças de que eram vítimas os italianos, mas um grito democrático de revolta contra todas as desigualdades sociais do país.

Mas não foi Oswald de Andrade quem deu aos artigos da seção a amplitude que esse brilhante título sugeria, e sim Alexandre Machado/Juó Bananére, que o substituiu dois meses depois.

Sobre o fato, Oswald de Andrade fez a seguinte observação: "Eu iniciara em dialeto ítalo-paulista as 'Cartas d'Abax'o Piques', que encontraram um sucessor em Juó Bananére. Parecia ele um moço tímido e quase burro, mas seu êxito foi enorme quando ele tomou conta da página da revista intitulada 'O Rigalegio'. Chamava-se Alexandre Marcondes e era primo do futuro Ministro do Trabalho".[11]

Na artesania do macarronismo, Bananére logo se tornaria um mestre. E ainda que Oswald de Andrade tenha feito algumas incursões nessa área, é justo afirmar que foi Juó Bananére o grande inventor dessa linguagem ítalo-paulista na literatura brasileira. Perto de seus textos, as cartas assinadas por Annibale Scipione/Oswald de Andrade são inexpressivas.

Juó Bananére não dissocia forma e conteúdo, por isso mesmo suas "Cartas d'Abax'o Pigues" atingem rapidamente a maturidade estética. Com seus artigos, Bananére sutiliza o protesto social contra as opressões, mais direto nas cartas de Oswald de Andrade, e transforma esses textos numa trama icônica, ideogramática, como já sugeria o título da seção. Com esse procedimento, suas "Cartas" logo alcançam um patamar literário.

---

[10] *Id., ibid.*

[11] Oswald de Andrade, *op. cit.*, p. 69.

Nas "Cartas", já não importava apenas o que se dizia, mas a maneira como se dizia. E essa é a grande diferença de seus artigos macarrônicos em relação não só aos de Oswald de Andrade, como também às outras caricaturas verbais do *Pirralho*. Nos textos assinados por Juó Bananére, não é o tema que faz a arte, mas a arte que faz o tema.

Apesar da sofisticação e do rigor com que ele foi construindo a estranha arquitetura fonética/lingüística de sua arte, o tom jocoso de suas crônicas tornava as "Cartas" completamente acessíveis ao leitor comum.

Como diz Brito Broca: "Mais tarde, em 1916, Juó Bananére seria substituído na seção 'Cartas d'Abax'o Piques' por Juó Larangére, pseudônimo de Geswaldo Castiglione, que nas crônicas do *Pirralho* macarrônico jamais atingiria o mesmo grau de humor de seu antecessor, esse que na vida civil foi o pacato cidadão Alexandre Marcondes Machado".[12]

Caberia a Juó Bananére realizar, em literatura, uma aproximação notável entre a vanguarda estética, a política radical e a cultura popular. Por isso, seus artigos logo se tornariam o principal fator de sucesso do semanário.

[12] José Brito Broca, *op. cit.*, p. 240.

— Li comunico agóra uma letera muito bonita che mi xigo agurinha sopra uma organisaçó che stavamos urganisano nó o prospero distrito do Abax'o Pigues. Io no mi tinia mitido purché agore facio solamende o giornalista.

Caro Scipione,
cumpà

Stó danado por causa que os turco ston fazendo o medo diante dos taliano. Magine ó Redattore che io stava fazendo un inzercito no Bô Retiro e tambê un d'abax'o Piques. Olí tenía fazido os batalhon e as companía c'os commandanti i tudo. O capitó Rodorfo fazia o cornetero. O inlustre coronelo Piadade tocava tambore c'oi lata do garozeno. O Nacarato fazia o sordado cavallo junto co Ruge e co Pierinio m'érmon. Tudo os senatore c'os deputado tenfam o commando dol perloton cas cumpania. O Hermese da Funsega fazia o papello da guida do o mzercito. Os sordado razo era tudo patrizio che fazia o sapatere no Brais o ingraxati in da Rua 15, o tylburero na Luis, o caregatore, o briganti, o vendedore da aranxa—pera—ro—Rio, eccetera.

Nois ia tudo nos caradura inté a Italia ma o generalo taliano mandó dizê qui non percizava por causa que os turco ston tudo fugino di medo dos taliano da Italia.

Inveis eu quiria ir na guerra p'ra vê si fazia o heroe.

O coronelo Piadade é che ficó alegre por causa che non precizó mais í.

Daí eu botei um telegrame sopra do'o rei dizendo que non seria mais taliano e fui mi alistá cidadó d'abax'o Pigues

Cua stima da consideraçó.

O diálogo entre Annibale Scipione (Oswald de Andrade) e Juó Bananére (Alexandre Ribeiro M. Machado).

4.
JUÓ BANANÉRE: UM ARTISTA EM EBULIÇÃO

> "O indiscobrimento da A meriga fui uno fattó molto impurtanto inda a storia da giografia, pur causa che o mondo ficô maise grande."
>
> "Cartas d'Abax'o Pigues"[1]

Juó Bananére e *O Pirralho*

Juó Bananére escreveu para *O Pirralho* de 1911 a 1915. Seu primeiro artigo para a revista, lançado no nº 10, de 14 de outubro de 1911, é uma espécie de "carta-resposta" para Annibale Scipione/Oswald de Andrade, comentando os fatos da guerra turco-italiana do período. Na página 12 vinha o artigo de Annibale Scipione, e na página seguinte a resposta de Juó Bananére. Mas esse seria um dos raros momentos em que os dois escritores fariam uma parceria[2]. Logo depois, Bananére assumiu completamente a coluna, e, enquanto esteve em *O Pirralho*, esse foi praticamente o único lugar em que escreveu.

Em seguida, ao lado de Voltolino e de outros colaboradores de *O Pirralho*, Juó Bananére participou da criação de duas pequenas revistas satíricas, de caráter independente e de curta duração, que surgiram apenas para combater algumas situações políticas circunstanciais.

---

[1] *O Pirralho*, nº 61, 12/10/1912.

[2] No formato desse artigo de 14/10/1911 (em que Oswald de Andrade/Annibale Scipione troca correspondência com Juó Bananére) houve apenas mais dois artigos: um de 18/11/1911, no *Pirralho* nº 15, e outro de 06/01/1912, no *Pirralho* nº 22. Annibale Scipione também assina sozinho a "Cartas d'Abax'o Piques" de 20/01/1912, no *Pirralho* nº 24, mas depois só encontramos artigos de Juó Bananére.

Uma delas era *O Queixoso*, de 1915 — uma publicação quinzenal ilustrada, cujo nome se deve às "queixas" e ao "queixo" do então candidato à presidência do estado[3], Altino Arantes. Nela, o escritor criou a seção "S'Empr'Avanti, proprietá da firma Juó Bananére & Figlios".

A outra era *A Vespa*, de 1916, uma publicação semelhante à anterior, lançada pelo mesmo grupo e com o igual propósito de impedir os abusos de Altino Arantes e de outros nomes do poder.

Em 1917, Juó Bananére abandonou o jornalismo. Retomou a atividade em maio de 1933, quando lançou o importante semanário *Diario do Abax'o Piques*, que durou apenas três meses, pois em agosto desse mesmo ano o escritor faleceu.

Todos esses trabalhos, em menor ou maior grau, têm uma mesma estrutura e são quase complementares aos que ele já havia feito no *Pirralho*; com seus livros e as poucas peças teatrais que escreveu, formam toda a sua obra, que só pode ser analisada em conjunto.

Foi no *Pirralho* que o escritor exercitou todos os mecanismos de sua criação, além de deixar nessa revista sua melhor produção. Os demais trabalhos são conseqüência dos cinco anos de intensa atuação nesse tablóide.

Juó Bananére não foi um jornalista típico. Usou o jornalismo para fazer literatura. Seu principal livro, *La divina increnca*, de 1915, foi na verdade uma coletânea de prosa, poesia e teatro de alguns de seus melhores textos publicados em *O Pirralho*. E apesar de *La divina increnca* se manter como um livro independente, suas ousadias estruturais já estavam presentes nos trabalhos que Bananére deixou naquela revista.

O mesmo ocorre, estruturalmente, com o opúsculo *Galabáro* — alusivo ao nome Calabar —, que Bananére escreveu em 1917, em parceria com Antônio Paes.

[3] Até 1930 não havia governador de estado, mas presidente.

S. PAULO, 9 DE DEZEMBRO DE 1915 — Numero avulso 400 réis

O QUEIXOSO

REVISTA QUINZENAL ILLUSTRADA

QUEIXAS, RECLAMAÇÕES, HUMORISMO, POLITICA, LITERATURA, ARTES, SPORTS, ETC.

ASSIGNATURAS

BRASIL . . . . . . 1 ANNO 10$000 - 6 MEZES 6$000
EXTRANGEIRO . . 1 ANNO 15$000 - 6 MEZES 8$000

REDACÇÃO E ADMINISTRAÇÃO - RUA DA BOA VISTA, 52 - SALA II - 1.º ANDAR
APPARECERÁ NA SEGUNDA E NA ULTIMA QUINTA-FEIRA DO MEZ

ANNO I — Redacção: Rua da Bôa Vista n. 32 - 1.º andar — NUMERO 1

O QUEIXOSO

Honni soit qui mal y pense!

Maliciar não vale. Amaldiçoado quem puzer malicia, um centigramma que seja, no nosso titulo innocentissimo, o mais innocente de todos os titulos, desde que ha jornaes e revistas, que sem titulo não podem sair e viver! E' até dos livros que os titulos são um dos principaes elementos de vida e prosperidade para publicações deste genero. Imaginem que appareciamos com um nome acaciano: *A Voz da Opinião Publica*, por exemplo. Horror! Morriamos no primeiro ou segundo numero.

"Queixoso" é mais simples, mais elegante e tão significativo, porque diz exactamente o mesmo em tres syllabas só — tres syllabas rapidas, suavemente sonoras, faceis de pronunciar e de reter. O "Queixoso" será o éco dos protestos e das dôres populares, e procurará transmittil-as a quem de Direito, como se diz nas columnas sorumbaticas dos jornaes de peso, envoltas em ironia irreverente, mas inoffensiva, e sublinhadas de riso leve.

A principio, quizemos adoptar o titulo de *Queixa*. Seriamos então, pura e simplesmente, *A Queixa*. Vago e feio, como vêem. Depois, acudiu-nos *Queixume*. Bonito, um pouco poetico, mas excessivamente humilde, o que está em opposição aos nossos intuitos de luta — luta moderada, mas franca, sem bordoada pessoal, mas tambem sem desfallecimentos e tibiezas. Em tal impulso guerreiro, chegámos a fixar as nossas preferencias nesta tremenda palavra — *Queixada!* O queixada, como se sabe, é um dos animaes mais crueis das nossas mattas: estraçalha num instante o desgraçado, que não consegue escapar aos seus dentes agudos e cortantes. O *Queixada* obrigava-nos a proezas, que não queriamos, que não queremos praticar, e tivemos medo de que, em momento dado, nos fôssem aos queixos.

Na nossa atrapalhação, na pressa de vir ao mundo, se não com todos os sacramentos, ao menos com o do baptismo, até nos seduziu um desproposito: o *Queixudo*. Queixudo é teimoso, e a teima não nos está na massa do sangue. Somos excellentes rapazes, naturaes de bom genio, tolerantes e amaveis.

Foi então que o *Queixoso* se installou definitivamente no nosso espirito. E ahi vae elle para o vasto mar da publicidade, cheio de esperanças e de bôas intenções. Se alguem por elle se sentir magoado, não se queixe, que não será por querer. Nós tambem não nos queixaremos, se as realidades ficarem áquem do que projectamos.

Para que os nossos projectos nasçam com alguma probabilidade de exito, pomo-nos, como bons abyssinios que somos, sob a protecção do dr. Altino Arantes e do coronel Antonio Lacerda, este, hoje, chefe incontestado do P. R. P., e aquelle proximo futuro presidente do Estado.

Honni soit qui mal y pense! São apenas os dois sóes que despontam.

Primeira página do tablóide independente *O Queixoso*, para onde Bananére emigrou ao sair de *O Pirralho*.

No entanto, dissociar suas atividades jornalísticas da atividade literária tem sido o procedimento comum da crítica, atitude que gera alguns equívocos, pois, sem tecer considerações sobre a atuação de Bananére na imprensa, e principalmente em *O Pirralho*, torna-se impossível avaliar a importância desse autor.

Juó Bananére, Oswald de Andrade e as Investidas Mais Radicais

No final de 1912, Oswald de Andrade interrompeu suas atividades no *Pirralho* para realizar sua famosa primeira viagem à Europa. Nessa ocasião, o escritor arrendou o periódico a Benedito de Andrade, o Baby, detentor provisório dos direitos de propriedade na ausência do seu fundador.

Oswald de Andrade retomou a direção do *Pirralho* em 1915. Foi justamente no intervalo em que ele se distanciou da direção do jornal que o trabalho de Juó Bananére se tornou mais surpreendente. Na verdade, foram Juó Bananére e o cartunista Voltolino os principais responsáveis pelo que houve de mais libertário, nesse período, dentro da revista.

As charges de Voltolino, que pontuavam todo *O Pirralho*, têm a mesma modernidade e irreverência das "Cartas" de Juó Bananére. Ambas têm o mesmo estilo, mesma visão de mundo e "anarquismos" semelhantes, ainda que umas sejam imagéticas e as outras verbais.

Tematicamente, inclusive, os dois artistas tentavam sempre se manter em sintonia. Isto é, Juó Bananére, em seus artigos — que eram os mais lidos de *O Pirralho* —, quase sempre fazia referência aos assuntos de capa da revista, e com a mesma linha de humor impressa por Voltolino, que era, invariavelmente, o ilustrador.

Desde o início, Voltolino foi o responsável pelo projeto gráfico e pelas ilustrações dos textos de Juó Bananére. O entrosamento estético dos dois artistas se sofisticou de tal maneira que, inédito e precursor, o *design* feito por Voltolino não era mera ilustração, mas complementava a escritura de Bananére. Este, por sua vez, além da linguagem estropiada, brincava com a tipologia e espacialização das letras no papel, usando negritos, maiúsculas e minúsculas, itálico, *et cetera*, de forma conseqüente.

Todas essas interferências gráficas passaram a fazer parte da mensagem, na melhor medida do que estava acontecendo no Modernismo europeu, com os chamados "livros-objeto" futuristas e os textos espacializados dadaístas e cubistas, mas que só chegariam ao Brasil com o Modernismo de 22.

Feitos a duas mãos, com Voltolino e depois com Ferrignac, os textos de Juó Bananére foram se tornando textos-montagens e textos-colagens, em que tudo — as letras em negrito, os espaços em branco, as pontuações e os desenhos — era proposital e conseqüente.

No *Pirralho* nº 15, de 18 de novembro de 1911, por exemplo — no qual Juó Bananére ainda responde a uma carta de Annibale Scipione —, sua resposta já vem mediada por quadrinhos de Voltolino. O ilustrador, por sua vez, entrecorta o texto de Bananére de forma propositalmente desigual, complementando a imagem com desenho.

Nesse extraordinário exemplo de artigo intersemiótico e metalingüístico, no qual Annibale Scipione diz que não mais participará dessa seção, o diálogo bem-humorado é feito a três: Annibale Scipione, Voltolino e Juó Bananére.

Scipione, ao explicar que deixa as "Cartas" a cargo do outro escritor, faz uma brincadeira com as "interferências" de Voltolino no texto de Bananére. Diz Annibale Scipione:

> Intó li tenia da dichiará che nó sto d'acordo d'ingolaborare inzima do *o Pirralho* juto co o ingarigaturista turco traditore da a patria quê se chama o Voltolino!

A parceria com Voltolino se manteve também no projeto gráfico e nas ilustrações dos livros de Bananére. Em

1929, Voltolino deixou a profissão, mas Juó Bananére, acompanhado de outros ilustradores, não abriu mão, em seus trabalhos, do uso de ilustrações, charges e fotografias, como se pode observar no seu tablóide, *Diario do Abax'o Piques*, de 1933.

Os primeiros artigos de Bananére para *O Pirralho*, mesmo quando tinham a interferência dos desenhos de Voltolino, eram cartas macarrônicas. Com o passar do tempo, as "Cartas" vão assumindo novos gêneros, que mantêm o mesmo linguajar estropiado, mas passam a ser crônicas, poemas, textos teatrais, prosas literárias, enquetes jornalísticas, *jingles* publicitários, paródias de canções populares etc. Muitas vezes, também, numa única página, esses gêneros se mesclavam.

Em 1913, no auge de sua popularidade, Juó Bananére parou de escrever as "Cartas d'Abax'o Pigues", que retomaria no fim de 1914, e no lugar delas lançou, dentro do próprio *Pirralho*, um "Dromedário Ilustrato: anarchia, sucialismo, literatura, vervia, futurismo, cavaço" — "O Rigalegio", que dizia ser uma "prorpietá da sucietá anonima Juó Bananére & Cumpania".

Nas páginas de "O Rigalegio", Voltolino foi responsável principalmente pelo desenho do cabeçalho, pois nas charges internas já estão presentes os desenhos de outros ilustradores, como Ferrignac e André.

A seção "O Rigalegio", que durou dois anos, de 1913 a 1914, representou para Juó Bananére a explosão do seu gênio criador. Nessa época, com seu "jornalzinho" paródico e metalingüístico, o autor já havia incorporado completamente, em seus artigos, a profusão de gêneros e a idéia de texto-montagem, a qual jamais abandonou.

Seus textos simultâneos, assim como as obras mais modernas das vanguardas do século XX, já tendem, precursoramente, para as experiências da pintura, da fotografia e dos modernos meios de comunicação.

Ao buscar um novo campo de relações e possibilidades para a linguagem dentro do jornalismo, Juó Bananére

O RIGALEGIO

Dromedario Inlustrato

ANARCHIA, SUCIALISMO
LITERATURA, VERVIA
FUTURISMO, CAVAÇO'

Organo Indipendento do Abax'o Pigues i do Bó Retiro

PRORPIETÁ DA SUCIETÁ ANONIMA JUÓ BANANÈRE & CUMPANIA

Redattore e Direttore: JUO' BANANÈRE | 1914 | REDAÇO' I FICINA: Largo do Abax'o Pigues pigdo co migatorio

AVISO

Juó Bananére, o geniale giurnaliste i barbiere bao listano i nostro inlustrato direttore non inpubricô o «Rigalegio» a settimana passata pur causa che stive di cama c'oa febbra marella, ma infelizmenti oggi giá stá bó, c'oa satisfacò di tutta a vamiglia, dos amigo i dos curraligenario.

O mutabile uómo di lettera pedi moltas sculpa p'ros suos inleitori da farta molto voluntára che acumetté, i acumunica tambê che o funzionario che mexê c'oelli sará insgugliambato c'oas colunna du «Rigalegio»; si mexê otraveiz apagna inda a rua i si mexê, otraveiz illo vai da partì p'ru Lacarato.

O livrarbitro

(Artigolo di ingolaboraçó do zimpattico Juó Bananère).

O livrarb'tro é una storia chi a genti faiz cunformo dá inzima o narizi da a genti.

Per insempio: — Io vó andano i s'incontro co Hermeze! Intó io tegno volu tá di dá nu Hermeze... Eh! nada maise simprementi! Io, prégo a mó na gara delli i vó sa'no di barrigula.

Otro insempio: — Io stó nu largo do Antonio Brado i mi dá a vuluntá di afazé o tiro o-arvo! Aóra io vó indu a xarutter'a du Mimi, gompro um gaximo, buto inzima a gartola du Vaprelli i dó una purçó di tirigno nelli.

O Vap'relli sái, curréno di paúra o io inveiz nó.

Si dá vuntadi na genti di apasseá di a gava'lo, prontto! A genti vem lá inda a goxera di Rodov glio, péga o gavallo maise xique, amunta i vai apass'á sê di sat'sf çó p'ra ninguê.

O livr rbitro é una tioria mu t gustosa! Ch' inventó elli fui un intaliano, o L mbroso, quello agaia chi inventô tambê os delinguente natto.

Qui in Zan Baolo inveiz a g nti non podi afazê o livrarbitro né di bringadêra, ch' g á vê o Lacarato acsbulá a genti!...

Na Italia inveiz ron tê o Lacarato!

Lá, a genti vai inda a gamera dos disputado, xama o Giolitti di ladrô di galligna i n'n guê sai cu reno atraiz da genti.

Una veze, quaso io murava ingoppa a Italia, un dí io s'incontrê co ré inda a rua i passê una gapoêra nelli! Aóra vignó un surdado p'ra mi prendê i intó io di-si p'relli:

— Vá sa'no che io só un livrarbitr smo!

Intó o surdado mi fiz a gunt'nenza p'ra mim i fui saino di barrigu'a.

Qui in Zan Baolo inveiz, chi currê o pé no Rodrigos Alveros tê quattros dia di sulitára i ventis anno di gadêa incomunicábilio.

Tambê si a genti atirá o bal tó i vignó in maniga di camizia na rua 15 tutta a sucietá faiz ch!...

Inda a Intalia inveiz non tê. Oh!... né nada! . lá sí chi é gotuba!!

Viva a Intalia!

Viva a Trip li Intaliana!!

Vivôôôô...

Café Guarany
O MAISE COTUBA
Rua 15 de Novembro

A migna viagie p'rus Campo do Giordó

A viagie inda a Centrale — A vamiglia — O Semanigno — Se io murrê maudi dizê qu'ttros miça p'ra migna arma i duas p'ru Piedadó — Otras nutiça — Gontinúa.

(I.º)

Istu meze intirigno tê otrodí io stive indo os Gampo d Giordò che io fui apassià lá pur causa di avisitá nu migno parento chi móra lá.

Ista — fui uma das viagie mais gotuba che io tegno fazido inda a mia vita i nistus artigolo, io si acunprometto di cuntà come fui a storia.

Intó iscuita.

Quano fui indo o dí vintotto do otro meze passato, co primiére nottoinimo, io s'imbrrquê inzima a centra'e ma p'imiére io ariuní tutta a vamiglia, incrusivio o Sem nigno che desdo squilla veiz che illo dê una facada na ma'a s'iscondê nu matto atraiz da Gantarêra i xuremos giunto una purçó di tempo.

Si signore! xuremos!...

Xuremos, pur causa che inda a Centrale non é come a storia du poste che dize che

«As pomba vó, i vorta traveiz»...

Inda a Centra'e a genti vai i non vorta maise.

Tê u disiastrimo.

Inda a staçò io xamê a Gurneligna mia figlia i dissi p'rella.

— Gurmeligna! Io vó ti dizê a urtima vuluntá di un marimbondo!... Se io murrê mandi o padre Bascuale dizé quattros miça p'ra mim i duas p'ru Piedadó, pur causa che io gia murri.

Tambê, chi tê di afazê as miça é o badre Bascuale, pur causa che illo mi devi quattros barba i duas gorte di gabello.

— Eh! ma perché o migno páio stá aparlano istas, robba triste? Nun mando dizê miça né nada!

— Intó io vó p'ru infernimo!

— Todi i, prontto!

— I disp sa io vegno ti puxa a perna...

Aóra a Gurmeligna tive ventisquattro fanigatico di medo che io vigna puxá a perna della.

Quano acabáro o faniquitico illa mi prumettê di mandá dizê tuttas miça che io apidí i maise quattros c'o dignero della. Intô io piguê o x'quigno Anisquito chi tambê vignô giunto cum go, atrepemos nu tregnes i fum s s'imbóra c'n una brutta soda deses di tutto p'ssoalo.

(Gontinúa)

EXPERIENTE

ARTIGOLO I — Chi insigná o *Pirralh* non apaga o *Rigalejo*.

ARTIGOLO II — Chi non insigná apaga trezentó.

ARTIGOLO III — Istu giurnale é o organo diffensore da proteçó p'ru animale.

ARTIGOLO IV — Du Hermeze da Funsega tambê.

ARTIGOLO V — Chi non vutá n'o Luig Vampa p'ra governatore da Repubbliga sará esgulhambato nos artigolos du *Rigalegio*.

ARTIGOLO VI — Non si ricebe né si disinvorve origali.

JUÓ BANANÈRE
Girente

O 5sb^ott^eaòti dèMressoe

O Devogado da moda

SCRITTORIO: — R. 15 de Novembre

Bar Baró
CHOPP ALLEMO'
a duzentò

Experimentem os **CIGARROS 34 1|2** não tem rival

Fabricado com legitimo havana turco — Encontram-se em todas as charutarias.

Página do avançado "O Rigalegio", seção dadá idealizada por Juó Bananére nas páginas de *O Pirralho*, que durou de 1913 a 1914.

estava redimensionando a literatura para uma nova era, em que ela utilizaria outros critérios estruturais e questionaria o próprio livro como suporte instrumental do poema. Bananére propôs a paródia como criação e pairou entre o jornalismo e a literatura, numa arte inédita. Ao mesmo tempo, uma feroz "antiarte".

Nesse aspecto, Juó Bananére foi um autêntico artista de vanguarda, num momento histórico e grandioso das vanguardas e das utopias.

Como diz o ensaísta e poeta Décio Pignatari, "as autênticas vanguardas artísticas contemporâneas têm-se caracterizado por sua antiarte, desde o *rien ou presque un art*, de Mallarmé, passando pelo movimento 'Dadá' e por Oswald de Andrade, até a poesia concreta, o atual movimento da 'pop art' norte-americana (setor das artes visuais) e o desenho industrial (forma do produto), sem esquecer a *nouvelle vague*".[4]

Lembrando, também, Paulo Prado, ao prefaciar os poemas "Pau-Brasil", de Oswald de Andrade: "Deus nos livre de todos os ismos parasitas das idéias novas, e sobretudo das duas inimigas do verdadeiro sentimento poético — a Literatura e a Filosofia".[5]

A literatura de Juó Bananére é uma bricolagem carnavalizada de gêneros e formas que se recusam até a ser literatura. Sua criatividade estética não se dá apenas no plano comum da construção de frases, mas também num outro nível semântico: para o escritor, cada palavra é uma obra poética. Com esta nova concepção estética, ele promoveu um mergulho na semântica extrema dos signos.

Em muitos momentos, suas paródias chegam a soluções minimalistas, promovendo o humor com a simples

---

4 Décio Pignatari, *Contracomunicação*, série Debates, nº 44, São Paulo, Perspectiva, 1973, p. 143, 2ª ed.

5 Paulo Prado, "Poesia Pau-Brasil", *in Pau-Brasil* (1925), de Oswald de Andrade, São Paulo, Globo, 1990.

troca de partículas mínimas da linguagem, semelhantes fonicamente, mas que alteram todo o significado das palavras. Por exemplo: "cheguei/xiguê" (no sentido de xingar), "alma/arma", "me amaste/m'amasti" (no sentido de mamar).

Ao criticar, por exemplo, a solenidade empostada do jurista Rui Barbosa, bastou modificar uma vogal. Em vez de escrever "Rui Barbosa", escrevia "Ri Barbosa", e a blague estava feita. Toda a sua obra foi programada dessa maneira, com precisão, interferência e contenção da linguagem.

Além disso, em seu trabalho existem um desenho e uma dicção própria. Ele se preocupa com a sonoridade das palavras; compõe, em seus textos, uma estranha "música da cidade", feita de cacofonias, semelhanças/dessemelhanças fônicas, onomatopéias, paronomásias.

Ao falar, por exemplo, da fruta "laranja-pêra-do-rio", ele escreve "aranxapera-ro-Rio", imitando o cantar dos vendedores ambulantes, ao mesmo tempo que mantém em relevo, com a letra maiúscula da palavra "Rio", a idéia inicial da cidade de onde a "laranja" procede.

No dia 2 de janeiro de 1915, quando publicou no *Pirralho* o antológico "Em prol de uma pintura nacional", com sugestões de novas metas e caminhos para as artes plásticas, Oswald de Andrade já estava contagiado pelas novidades literárias e artísticas que conhecera na Europa. As propostas de seu artigo, segundo Maria Eugênia Boaventura, estavam "muito próximas daquelas que iriam nortear a reviravolta artística do modernismo"[6].

Mesmo assim, Oswald de Andrade ainda não havia operado nenhum avanço formal em sua literatura. Como diz Décio Pignatari: "Até 1922, quando lança seu primeiro livro, *Alma*, ele [Oswald de Andrade] ainda é bem ca-

---

[6] Maria Eugênia Boaventura, *O salão e a selva*, São Paulo, Ex Libris, 1995, p. 19.

tolicão e conservador; é um pós-simbolista decadente, e em seguida começa a revolução”[7].

Juó Bananére, no entanto, nos cinco anos em que atuou no *Pirralho*, era um dos escritores mais vigorosos e inovadores do Pré-Modernismo. Suas interferências nas páginas de *O Pirralho*, em certa medida, acabariam por influenciar o próprio Oswald de Andrade da fase antropofágica, em suas investidas mais radicais.

No seu “Manifesto da Poesia Pau-Brasil”, publicado no *Correio da Manhã* de 18 de março de 1924, Oswald de Andrade apregoava: “Contra a argúcia naturalista, a síntese. Contra a cópia, a invenção e a surpresa”; ou ainda: “A linguagem sem arcaísmos. Sem erudição. Natural e neológica. A contribuição milionária de todos os erros [...] A poesia para os poetas. Alegria da ignorância que descobre. Pedr’Alvares”.

Mas quem, senão Bananére, já havia praticado tudo isso em literatura?...

Existe, inclusive, entre esses dois escritores, Oswald de Andrade e Juó Bananére, uma coincidência temática.

Nas “Cartas d’Abax’o Pigues” de 13 de julho de 1912, em *O Pirralho* nº 49, Juó Bananére deixava escrito que:

> A artograffia muderna é una/ maniera de scrivê, chi a gentil/ scrive uguali come dice. Per insempio:/ — si a genti dice Capitó,/ scrive kapitó;/ si si dice Alengaro, si scrive Lenkaro;/ si si dice dice, non si dice dice,/ ma si dice ditche.

Oswald de Andrade, por sua vez, na sua série de poesias “Pau-Brasil”, de 1924, escreveria o poema “Vícios da Fala”, em que diz: “Para dizerem milho dizem mio/ Para

---

[7] Esse depoimento de Décio Pignatari foi dado exclusivamente para o documentário *Miramar de Andrade*, de 1990, sobre o escritor Oswald de Andrade. Realização da TV Cultura de São Paulo, com direção e roteiro de Cristina Fonseca.

melhor dizem mió/ Para pior pió/ Para telha dizem teia/ Para telhado dizem teiado/ E vão fazendo telhados".

No "Rigalegio" de 2 de maio de 1914, *O Pirralho* nº 141, Juó Bananére deixava registrada sua primeira paródia ao poema "Meus Oito Anos", de Casimiro de Abreu, que intitulou: "Os Mignos Otto Annoses (Versos Futuriste)". Dizia ele, nas primeiras estrofes:

> Ó chi sodadeses che io tegno/ Da quillos tempo passado/ Che io facevo o surdato/ Gordo i disprocupatto/ Como um carrapatto.

Em 13 de novembro de 1915, no *Pirralho* nº 206, pouco antes de abandonar a revista, Juó Bananére deixou registrada sua segunda e definitiva versão para "Meus Oito Anos", que chamou de "Os Meus Otto Anno" e depois incluiu no livro *La divina increnca:*

> Ó chi sodades che io tegno/ D'aquillo gustoso tempigno,/ Ch'io stava o tempo intirigno/ Bringando c'oas mulegada./ Che brutta insgugliambaçó,/ Che troça, che bringadêra,/ Imbax'o das bananêra/ Na sombra dus bambuzá.
>
> Che sbornia, che pagodêra,/ Che pandiga, che arrelia,/ A genti sempre afazia/ Nu largo d'Abax'o Piques. [...]

Oswald de Andrade, 12 anos depois, no seu *Primeiro caderno do aluno de poesia Oswald de Andrade*, de 1927, também fez uma paródia a "Meus Oito Anos": "Oh que saudades que eu tenho/ Da aurora de minha vida/ Das horas/ De minha infância/ Que os anos não trazem mais/ Naquele quintal de terra/ Da Rua de Santo Antônio/ Debaixo da bananeira/ Sem nenhum laranjais".

"Migna Terra", de Juó Bananére, publicado em 1915 em *La divina increnca*, releitura de "Canção do Exílio", de Gonçalves Dias, antecede em dez anos o "Canto de Regresso à Pátria", de Oswald de Andrade. Escreveu Bananére, nesta que é uma de suas mais famosas paródias:

> Migna terra tê parmeras,/ Che canta inzima o sabiá./ As aves che stó aqui,/ Tambê tuttos sabi gorgeá.// A abobora celestia tambê,/ Che tê lá na migna terra,/ Tê moltos millió di strella/ Che non tê na Ingraterra.

Oswald de Andrade, no livro *Pau-Brasil*, de 1924, na série de poemas "Lóide Brasileiro", com seu "Canto de Regresso à pátria" parodia da seguinte maneira a "Canção do Exílio": "Minha terra tem palmares/ Onde gorjeia o mar/ Os passarinhos daqui/ Não cantam como os de lá".

As coincidências não param por aí. Em seus artigos, Juó Bananére desenvolveu uma série de "crônicas históricas" — espécie de "samba do crioulo doido" em que fatos e feitos passados e presentes se misturam irreverentemente com o mesmo espírito de reconstrução carnavalizada da história do país apresentada depois, em 1924, nos poemas "História do Brasil", de Oswald de Andrade.

Os artigos históricos de Bananére se encontram, respectivamente, nas "Cartas d'Abax'o Pigues" de 24 de setembro de 1912 — sobre "O Sette Setembre" (*O Pirralho* nº 59) —, 5 e 12 de outubro de 1912 — sobre "O Indisgobrimento da America: — Non Seja Troxa Gristóvano" (*O Pirralho* nºs 60 e 61) —, e também no "O Rigalegio" de 31 de janeiro de 1914, sobre "A Fundaçó di Zan Baolo" — em que Bananére conta a história de "Pietro Caporale"/ Pedro Álvarez Cabral (*O Pirralho* nº 128).

Juó Bananére, desde 1912, e antes mesmo da antropofagia oswaldiana, já tem uma postura estética altamente antropofágica. Por isso o que ele faz é carnaval. Ele é um poeta e escritor que se recusa a ser "catequizado" segundo a comportada literatura vigente do período: "engole" toda a tradição e as novas influências estrangeiras e as devolve de forma literária única e surpreendente.

No texto-montagem, nas paródias e nos poemas-piada, Bananére foi um precursor. Encontramos um pouco de seu estilo tanto na prosa telegráfica, cubista, com recortes cinematográficos de *Memórias sentimentais de João Miramar*, de 1923 — em que Oswald de Andrade, numa espécie de "diário de bordo" e como Juó Bananére em suas "Cartas", retrata satiricamente a burguesia paulistana do século XX e seus conflitos existenciais —, como também em *Serafim Ponte Grande*, de 1933.

Serafim Ponte Grande, de Oswald de Andrade, foi um romance ainda mais radical do que *Memórias sentimentais de João Miramar*. Seu texto, semelhante aos de Bananére, tem um aspecto extremamente paródico e, numa espécie de transgressão constante da ordem, termina numa desordem perene, que é um belo anárquico, e já o anúncio da antropofagia.

E que não se tomem as afirmações e comparações entre esses dois artistas revolucionários com nenhuma ironia. Muitas vezes tem-se pretendido relacionar os dois escritores não para valorizar Bananére, mas para menosprezar Oswald de Andrade.

Conta Décio Pignatari, em seu livro *Contracomunicação*, que "normalmente, e insensivelmente, a crítica costuma analisar a obra literária segundo o *parti pris* da língua. E assim, o maior elogio que se pode fazer a um autor se refere ao seu domínio do idioma [...] Desse ponto de vista, a obra de Oswald de Andrade é tachada de 'fragmentária', 'desigual'. Também assim são estudados os influxos, as semelhanças, os paralelos entre obras de dois ou mais autores — o que pode conduzir a rompantes definitivos e bizarros, como o que me manifestou, há alguns anos, o folclorista Alceu Maynard de Araujo (e não sem certo desdém): 'Oswald está em Juó Bananére!'. A graça da tirada está em que ela poderia ser oswaldiana".[8]

---

[8] Décio Pignatari, *op. cit.*, p. 142.

Mário de Andrade, um dos mentores da Semana de Arte Moderna de 22, autor de Macunaíma.

O que se pretende aqui é tirar definitivamente Juó Bananére do limbo folclórico a que foi relegado, e reconhecer seus procedimentos estéticos precursores em relação aos modernistas de 22. Não se quer, com isto, diminuir a grandeza de Oswald de Andrade, mas demonstrar que Bananére é um autor de mesma linguagem, mesma estirpe estética e espiritual.

Juó Bananére foi parte integrante do espírito de 22, e a "piada oswaldiana" fica mais sem graça ainda quando se constata que a presença marcante do escritor macarrônico não se encontra apenas no Oswald de Andrade modernista: existe um pouco do "estilo bananérico" em outras obras fundamentais que definiriam a primeira modernidade entre nós. Entre elas, na importante bricolagem carnavalizada, muito ao gosto de Bananére, *Macunaíma*, de 1928, de Mário de Andrade.

Existe uma correlação direta entre o personagem "Semanigno", da narrativa "Grime Rroroso", de Juó Bananére — desenvolvida em alguns artigos do "Rigalegio" de 1914 e depois reproduzida em *La divina increnca* —, com suas aventuras desordeiras pela cidade e seu facho de anti-herói, que mata a "maia com una facada", e o "herói sem nenhum caráter" de *Macunaíma*, que também "mata a mãe" para cair no mundo e em suas desordens urbanas, ao lado de seus dois irmãos: um negro e um índio.

Os poemas coloquiais urbanos, que pontuam toda a obra de Manuel Bandeira desde 1924, com a publicação do volume *Poesia* — composto pelas séries *Cinza das horas*, *Carnaval*, *Ritmo dissoluto* —, não deixam de ter relação com a coloquialidade proposta por Bananére. E o escritor Alcântara Machado, principalmente de *Brás, Bexiga e Barra Funda*, de 1927, foi assumidamente um herdeiro direto do escritor macarrônico.

Juó Bananére não chegou, com sua literatura, a construir uma obra que fosse "expressão máxima" de seu estilo, como, por exemplo, os escritores citados. Mas sua liberdade criadora, de verdadeiro experimentador estilístico e desbravador de novos caminhos para a literatura, foi fundamental ao Modernismo, e só isso já lhe dá uma posição ímpar dentro da história literária brasileira.

Juó Bananére foi um inventor, na melhor concepção poundiana do termo. Com seu macarronismo verbi-voco-visual, em que o projeto gráfico, a tipologia variada das letras e a utilização de recursos visuais — fotografias, desenhos, colagens — faziam parte da linguagem, lançou um novo processo literário.

Pelo que se sabe, o escritor nunca saiu do Brasil, mas suas produções já estavam em sintonia com as correntes de vanguarda européias mais ousadas da primeira década do século XX.

Os estranhos textos de Juó Bananére foram captadores, no Brasil, de todo um "momento futurista" mundial. As crônicas jornalísticas desse autor foram, estilisticamente, algo muito novo, que, igual a um furacão subterrâneo, invadiu todos os lares letrados de São Paulo, preparando os espíritos para uma verdadeira revolução: a Semana de Arte Moderna de 1922.

Em Paris, Todos os "Ismos"; no Brasil, Juó Bananére

No embrião de uma humanidade mal saída do século XIX, patriarcal, repleta de tabus e dominada pelo assombro e religiosidade excessiva, surgiam os impulsos que transformariam totalmente a vida social, política e cultural do século XX. Um século marcado por grandes descobertas e revoluções e pelo diálogo entre arte, ciência, política e tecnologia, além da conexão imediata entre as várias manifestações artísticas, a saber: artes plásticas, fotografia, arquitetura, cinema, música e literatura.

Paris era o centro mundial dessas complexas transformações nas artes, na ciência e no comportamento. Em 1907, Pablo Picasso, com sua tela *Les demoiselles d'Avignon*, lançava o movimento cubista. Sua pintura tridimensional, numa sobreposição de formas geométricas, surpreendeu a todos, pois, negando radicalmente a

Capa de Di Cavalcanti para o programa da Semana de Arte Moderna, de 1922, no Teatro Municipal de São Paulo.

perspectiva clássica, propunha uma multiplicidade de perspectivas.

Picasso, em sua própria defesa, afirmou: "Eu não pinto uma mulher, eu pinto um quadro [...] não vejo a natureza como ela é; ela é como eu a vejo". Para os cubistas, não importava retratar as coisas como são, mas com a deformação causada pelo jogo de luz e pela relação das formas entre si.

Em 1909, Filippo T. Marinetti lançava o primeiro de seus trinta "Manifestos Futuristas". Nele, entre outras declarações provocativas, afirmava que: "A velocidade do automóvel, das locomotivas elétricas e dos aeroplanos tem forçosamente de operar uma sensível mudança na visão de mundo dos artistas". Estava lançado o movimento futurista, que esteticamente se pretendia renovador, antitradicionalista, otimista, heróico e dinâmico.

Marinetti, com suas declarações sensacionalistas e panfletárias, provocava escândalo e sacudia os comodismos: "Desejamos demolir os museus e as bibliotecas". Para ele, "um automóvel de corrida é mais belo que a vitória da Samotrácia", e mostrava ao mundo que a arte deveria estar em completa sintonia com a "era das máquinas, da velocidade e das grandes massas agitadas pelo trabalho, pelo prazer ou pela rebelião".

Ideologicamente, nem todas as propostas futuristas vingariam, mas as conquistas técnicas sim: ao propor uma escritura pactuada com a velocidade e os grandes feitos mecânicos da sociedade industrial, os futuristas seriam responsáveis pela abolição da pontuação nas frases, a fragmentação do discurso, a sobreposição e simultaneidade da escritura moderna; além dos diálogos entre literatura e jornalismo, literatura e artes visuais, literatura, cinema e fotografia.

Bastaram apenas quatro anos para que o cubismo aplicado na pintura encontrasse seu correspondente na literatura fragmentada e espacializada de Guillaume Apollinaire.

Em 1913, o poeta francês lançava o livro *Álcoois*, e

em 1918, seus *Caligramas*. Nessas obras revolucionárias, ele também suprimiu a pontuação e inovou tipograficamente a poesia. Com seus desenhos metalingüísticos, Apollinaire redimensionou as palavras, colocando-as como instrumento de sensação dos volumes e espaços. Surgem também os "livros-objeto" de Blaise Cendrars, autor de *Les Pâques à New York*, de 1912, e *La prose du Transibérien et de la Petite Jehanne de France*, de 1913.

A radicalidade desses dois movimentos já apontava para o surgimento, em 1916, do movimento artístico mais contestador do século XX: o dadaísmo. Um movimento que surgiu com o fim da *belle époque* e os desencantamentos da Primeira Guerra Mundial.

De humor delirante e profundamente niilista, os "dadá" desmistificavam a arte e propunham uma estranha "antiarte". No dia 14 de julho de 1916, em Zurique, durante um "espetáculo-provocação", espécie de *happening*, eles lançavam seu primeiro manifesto, afirmando que "a arte não é séria, eu lhes asseguro". Entre outros nomes, estavam presentes Hans Arp, Tristan Tzara e Francis Picabia.

Recusando o "universo racionalista burguês" e propondo "a vida sem chinelas nem paralelas", afirmavam ferozmente: "Nós escarramos na humanidade".

Abolindo a lógica, os dadaístas apregoavam a rebelião total contra tudo. Dinamitar a linguagem, recusar seu sentido, substituir a linguagem pelo ruído, soltar gritos inarticulados, destruir cores, incinerar todos os hábitos, associar palavras díspares eram manifestações saudáveis de inconformismo e anticonvencionalismo. Para eles, a negação e o caos eram a única maneira de acabar com todas as formas de organização social e de chegar à liberdade absoluta de todas as heranças históricas.

Os dadaístas, contagiados pelos efeitos negativos das atrocidades da Primeira Guerra Mundial, já não apostavam na civilização, menos ainda nos avanços da tecnologia, responsável pelo armamento da humanidade. Acreditavam que a revolução só chegaria com um verdadeiro recomeço, por isso a necessidade de reduzir tudo a um grau zero.

Em 1917 o movimento dadá chegou a Paris, levado por Philippe Soupault, que ao lado de André Breton e Louis Aragon fundou a revista *Littérature* (1918).

Nos Estados Unidos, no mesmo ano de 1917, o feroz demolidor Arthur Craven, poeta e *boxeur*, compareceu diante de uma platéia seleta para falar sobre o destino das artes: depois de um jorro de palavras impublicáveis, partiu para um *strip-tease* grotesco.

Francis Picabia, outro grande nome do dadaísmo em Nova York, se autodenominava burro, palhaço, vigarista, batedor de carteira, mas nunca literato e pintor. E dizia que "a arte deve ser inestética ao extremo, inútil e impossível de justificar".

Na mesma época, Marcel Duchamp, um dos grandes artistas desse movimento, e que já atuava na pintura futurista desde 1912, tentava expor a sua *Fontaine*: na verdade um urinol com sua assinatura; o pseudônimo "R. Mutt" parodiava um conhecido fabricante de sanitários. Com isso, Duchamp inventava a técnica dos *ready-made*, isto é, o deslocamento de objetos cotidianos de seu ambiente normal, para transformá-los em máquinas impossíveis de serem usadas.

Em 1919, Marcel Duchamp apresentou sua provocativa obra intitulada *L.H.O.O.Q.*: uma hilária reprodução da *Monalisa*, de Leonardo da Vinci, com bigodes. Parodiando grotescamente um dos mais famosos e consagrados quadros do Renascimento, o artista dadá profanizava a arte clássica, dessacralizando-a definitivamente, numa destruição total da sua aura solene de monumento.

A Alemanha foi outro grande centro dadaísta, lançando nomes importantes como Georg Grosz e Max Ernst, que em 1920, numa exposição em Munique, mostra uma escultura em madeira com um machado ao lado, que pedia para ser destruída.

A rebelião dadaísta logo se debateu com a censura;

impedidos de usar a palavra e promover seus *happenings* extravagantes e muitas vezes obscenos, seus artistas partem para uma linguagem de imagens, trabalhando com colagens, desenhos satíricos e foto-montagem.

Juó Bananére, um Antropófago Dadá

Juó Bananére foi o primeiro escritor brasileiro a assumir esteticamente a mesma irreverência febril, que incendiava a arte e a literatura mundial nas primeiras décadas do século XX. Ele soube vivenciar intensamente seu momento histórico; em matéria de "demolição", foi insuperável.

O Brasil pré-Semana de 22 era um país "encasacado" e aborrecido; a representação literária desse clima empostado e postiço era o parnasianismo, que tinha como representante máximo Olavo Bilac.

Juó Bananére foi a barulhenta e histriônica figura que, tanto ética como esteticamente, começou a modificar o triste quadro conservador do início do século XX no Brasil. Com seus artigos debochados e alegres, o escritor destruía toda a postura solene que havia no país.

Suas atuações panfletárias e sensacionalistas só o igualam a dois outros personagens da história literária brasileira: o poeta barroco do século XVII Gregório de Matos, apelidado, por sua irreverência, de "Boca do Inferno", e o próprio Oswald de Andrade dos tempos antropofágicos de 1924.

O alvo imediato e mais evidente dos artigos de Bananére foram os políticos. Enquanto escreveu, o poeta satírico foi o terror das classes dominantes.

Como diz Luiz Franceschini, "seus escritos em prosa e verso eram apreciados por todo mundo, mas semeavam o pânico entre os políticos e os poderosos. Corajoso e sarcástico, ele arremessava flechas ácidas, impiedosas, atingindo com irreverência os notáveis respeitados".[9]

---

[9] Luiz Franceschini, *op. cit.*

O engenheiro Alberto Prado Guimarães, contemporâneo do poeta, complementa que o autor "pretendia atingir os vícios e mazelas políticas da época, pondo em polvorosa a classe desses homens de Estado, que muito se aplicam em desorganizar a Nação, e que por isso, já naquele tempo, mereciam o maior desprezo da população. [...] Somente Juó Bananére pôde, com tanta graça, colocar em ridículo, por meio de seu frasear único, os erros daquela sociedade de seu tempo, em nosso Estado".[10]

Antimilitarista feroz, sua vítima predileta era o marechal Hermes da Fonseca — presidente da República de 1910 a 1914 —, que Bananére chamava de "Hermese", "Marescchialo" ou "Dudu", e de quem não desculpava nem o filho, "Funzeguinha", nem a noiva, Nair Teffé, a "Nairia". Os outros militares ridicularizados constantemente pelo cartunista verbal eram o capitão Rodolfo Miranda, o "Rodorfo", chefe da Guarda Nacional de São Paulo, que ele chamava de "herói da briosa", e o coronel José Piedade, o "Piedadó" ou "Garoné"/"Garonello", que representavam no plano estadual a intenção de mando militar local.

Para Juó Bananére, tanto a figura do militar quanto a do policial — emblematizada na figura de Antônio Naccarato, antigo delegado de polícia de São Paulo, o "Antonigno, dottore" ou "Lacarato" (aglutinação de "lacaio" e "rato"); e também na do delegado Artur Rudge Ramos, famoso disciplinador de trânsito da cidade, que Bananére chamava ironicamente de "Ruge Ramo" — demonstram fraqueza de caráter, atitudes broncas e violência desmedida, ao mesmo tempo que são subalternas dos verdadeiros mandantes: as oligarquias que representam.

Por isso mesmo, não escapa também de suas blagues a figura do general Pinheiro Machado, eminência parda da

[10] Alberto Prado Guimarães, "Juó Bananére, Humorista de Zan Paolo", artigo na *Revista Politécnica* de dezembro de 1992.

República, por trás da qual se expressam as forças motrizes do poder, mas que o escritor minimiza ao chamar de "Pignêro" ou "Pignerigno".

Bananére atacou "Wenceslau", Venceslau Brás Pereira Gomes, presidente da República de 1914 a 1918, e o futuro presidente do estado de São Paulo, doutor Altino Arantes, chamado por ele de "Artinho" (deformação de "Altinho") ou então de "Artinho Arantesco" (aglutinação de "Arantes" com "grotesco"). Criticou também o prefeito de São Paulo e depois presidente da República Washington Luís, que ele chamava de "Oxintón", e o respeitado professor da Faculdade de Direito, Spenser Vampré, para ele "Spensero Vapr'elli", cuja cartola imensa, sinônimo de refinamento e berço, Bananére sempre ironizava. Além de não apoiar a política de clã rural do presidente do estado de São Paulo e antigo presidente da República, conselheiro Rodrigues Alves, o "Rodrigues Alveros" ou "Xico Pirú".

Bananére foi também, assim como Voltolino e outros cartunistas do período, anticlerical e anti-religioso. Em suas crônicas, o escritor não poupava sequer a imagem de Cristo.

Por exemplo, na peça *A ceia dos avaccagliado*, publicada no livro *La divina increnca*, ele faz uma paródia da *Ceia dos cardeais*, de Júlio Dantas. E no poema "Tristezza", paródia de "Lembrança de morrer", de Álvares de Azevedo, ao falar sobre a ressurreição de Cristo, Bananére lança uma blague à representação bíblica desse fato. Diz ele:

> Io dexo a vita como um tirburêro,/ Chi dexa as ruas sê cavá frigueiz;/ Come um pobri d'un indisgraziato,/ Chi giá andó na Centrale arguna veiz./ Come Gristo chi fui grucificato,/ I assubí p'ru çéu como un rojó!/ Só levo una sodade unicamente:/ É du chopigno lá du Bar Baró.

Com relação às religiões, Bananére sempre manteve a atitude anarquista de ceticismo. Além da irreverência às hierarquias religiosas e aos símbolos católicos, em diver-

O PIRRALHO

GOVERNO DE SÃO PAULO

CONS.º RODRIGUES ALVES
que deixou a presidencia de São Paulo.

DR. CARLOS GUIMARÃES
que terminou o seu mandato de vice-presidente

DR. ALTINO ARANTES
que assumiu solennemente a presidencia do Estado.

DR. CANDIDO RODRIGUES
que foi empossado no cargo de vice-presidente.

Os políticos do período em que Bananére escrevia para O *Pirralho*.

sos artigos o escritor ridicularizou o espiritismo. Nas "Cartas d'Abax'o Pigues" de 23 de dezembro de 1911 (*O Pirralho* nº 20), por exemplo, ele aproveita para, através das teorias de migração da alma e reencarnação, atacar seus desafetos políticos.

Nessa crônica, Bananére começa a contar que havia lido um livro sobre espiritismo, e diz espantado:

> S'immagine che istu libro stava dicendo che as animas da gente stó fazendo a immigrazione./ Os intalianos tambè stó facendo a immigrazione peró ellos immigrano per o Brazile, p'ra Xina p'ra Zan Baolo, p'ro Xapó e tanti altri paese./ As animas, invéis no! istas immigrano mesimo inzima os animalo e tambè ingoppa os uominis.

Ao relacionar a imigração italiana com a imigração das almas, ele faz um jogo de palavras e ambigüidades em que "anima", ao mesmo tempo que tem sentido de "alma", também significa, por associação, "animais" (seres desprezíveis) que "imigram" por sobre outros "animais" (seres da mesma espécie), e também sobre "os homens". Esses "animais/animas/almas" são, para o autor, os "políticos". Essa associação, em princípio sutil, num segundo momento do texto fica explícita.

Bananére explica que, segundo as teorias espíritas, os animais, quando evoluem, viram gente. Ele enumera as categorias humanas, sempre muito baixas — "carigatore, ladro, venditori di aranxa, briganti, bacciarelo, capitó ecc, ecc." —, para concluir que o presidente, Hermes da Fonseca, antes dessa encarnação, também foi animal. E diz:

> Intó, io piguei di marginá a storia dos mio acunhecidos./ S'immaginei chi o Hermese da Funzega giá fui carrapato, gia fui caxorro, burro, cavallo, surdado e oggi é presidento da a Republiga.

Mais uma vez, ironicamente, ele se espanta:

> Intó o Hermese giá fui burro?/ Té giá mi stó inxergano o Hermese puxano as garrozza. Chi pandiga!.../ Tambê o Capitó giá fui guadrupedo e oggi inda tê gara di macaco./ Tambê o Piedado, tambê o Dionisio.

Ao terminar ataque tão violento, Bananére, por um rápido momento, assume a *persona* do escritor, deixando transparecer seu receio, por ter sido, talvez, muito ofensivo. Por precaução, o ladino personagem, depois de assinar o artigo, deixa registrado um "postescritto" (brincadeira com "proscrito"), lembrando que:

> Mi alembrai di cuntá aóra p'ro signore Redattore che io fui anumiato tenento da a "briosa" [guarda nacional]./ Fui o garonello Piadade chi mi annumió./ Io tambê.

Mas os desafetos do poeta não foram apenas os políticos e os religiosos. Em suas crônicas mordazes, como um caleidoscópio louco, Bananére atirou contra tudo e contra todos. Na literatura, por exemplo, atacou clássicos e modernos, parnasianos e futuristas. E nunca se intimidou diante da prepotente e famosa figura do poeta parnasiano Olavo Bilac.

Na política, mesmo sendo civilista, não se conteve em ironizar uma figura tão respeitada como o político Rui Barbosa. Sua máxima foi semelhante à do dadaísta americano Arthur Craven: "Todo grande artista tem a brotoeja da provocação".

Além de só fazer paródias, foi Juó Bananére quem, a exemplo dos futuristas e dadaístas europeus, instaurou o mau gosto, o blefe e o soco público nos meios políticos e literários da época.

Também como os dadaístas fariam depois, Juó Bananére se recusava a ser um artista. Como verdadeiro ridente, nem a arte ele levou muito a sério.

Semelhante a Francis Picabia, que se autodenominava burro, palhaço, vigarista, batedor de carteira, mas nunca um literato e pintor, Juó Bananére, de certa forma, foi o primeiro a construir para si mesmo uma imagem de bufão meio vigarista na literatura brasileira.

Com profunda auto-ironia e antes mesmo que qualquer crítico o fizesse, ele próprio se desqualificava. Proclamou-se sempre, com sarcasmo, um eterno "Gandidato à Gademia Baolista de Letras", um "leo de letteras iguali o Bilaco" e se dizia "poeta, barbiéri i giurnalista!".

Bananére criticou o Parnasianismo, literatura instituída de seu tempo, propondo uma desmontagem radical da poesia e da tradição, para depois, então, criar uma nova poesia.

Antes dos dadaístas europeus, Juó Bananére já havia percebido que a revolução estética só chegaria com um verdadeiro recomeço. Por isso mesmo, o escritor macarrônico aboliu a gramática, acabou com a lógica, modificou a sintaxe, numa total subversão. Nos momentos mais radicais, inclusive, ele chega a recorrer a uma linguagem elementar e até certo ponto infantil. Propositalmente infantil e primal: marco zero.

Nessa linha primal, anterior a Oswald de Andrade com seu *Primeiro caderno do aluno de poesia Oswald de Andrade*, de 1927, Juó Bananére deixava, em 1915, no livro *La divina increnca*, sua série dadá, intitulada "Bcdario Poetico", na qual, de A a I, igual a uma criança exercitando a linguagem poética, ele vai construindo poemetos de quatro versos, cujo mote sempre é feito com trocas de letras, em negrito, propositalmente erradas. Deixo o exemplo das três primeiras quadras:

A
O Alifanti é bicho troxa,
Chi quarquer griança lògra;

Tê una lingua cumprida,
Piore da lingua da sogra.

B
O Bacate é una fruitinha
Chi tuttos munno cunhéce;
A genti mexe bê elli
I disposa... o che parece?

C
Coraçò çino da genti
Genti çino da ardêia,
Chi ripicca a Vemaria
Tuttos dia as seis i meia.

Desde o início, Juó Bananére já tinha a capacidade cubista de fazer com que o mundo se reconstruísse a partir das associações mais imprevistas. Todos os seus textos são simultaneístas e imagéticos. E isso dá o dinamismo, a força e a graça para seus trabalhos.

Em "O Rigalegio", Juó Bananére já constrói "textos-piada" com interferência de desenhos satíricos, colagens, fotos-montagem e *ready-mades* no melhor estilo do que faria em 1916/1919 um Picabia ou um Marcel Duchamp.

No "Rigalegio" de 24 de janeiro de 1914, *O Pirralho* nº 127, por exemplo, num engraçado artigo intitulado "Hermeze = Gioconda", com letras góticas (no qual o escritor macarrônico narra o roubo de um retrato do marechal Hermes da Fonseca), cinco anos antes do famoso retrato da Monalisa de bigodes de Marcel Duchamp, Juó Bananére já deixava sua versão dessacralizada do ícone renascentista: uma foto-montagem do rosto de Hermes da Fonseca sobreposto ao famoso quadro de Leonardo da Vinci.

Embaixo do retrato, nos moldes do que faria depois o próprio Duchamp, Juó Bananére escreveu o seguinte rótulo: "Clichê do Imparcial".

Duas leituras da Gioconda.
Acima, a Gioconda de Juó Bananére (1914) e à direita, a de Marcel Duchamp (1919).

Com esse seu surpreendente *ready-made*, num só tempo Juó Bananére dessacralizava dois grandes monumentos: o político, expresso na imponente figura do marechal Hermes da Fonseca — representante máximo das forças militares no poder —, e o artístico, expresso no significativo retrato da Monalisa, símbolo da arte clássica.

O artista se utiliza de dois clichês para construir um anticlichê. No duplo e eficiente travestimento dos dois grandiosos personagens — Monalisa vira marechal/ vira homem/ Hermes da Fonseca vira mulher/ vira monumento clássico/ pose de retrato —, ele destrói, não só no texto como na ilustração desse texto, todos os chichês, numa total desmontagem de forma e conteúdo.

. Como os futuros dadaístas, Juó Bananére tinha uma visão irônica da linguagem e da arte. Foi seu profundo espírito anarquista que o levou, precursoramente, a certos procedimentos estéticos dadá.

Suas idéias anarquistas, que também estão presentes no plano político, transpostas para sua obra, travestem-se numa linguagem propositalmente caótica e anarquizada da literatura e da arte. Esta é a sua forma de ir contra o assentado universo burguês, contra o qual os dadaístas também se rebelariam.

Juó Bananére foi, talvez, o único artista dadá do Modernismo no Brasil. Mais exatamente, uma espécie curiosa de artista pré-dadá das artes brasileiras, já que ele antecede o dadaísmo europeu em pelo menos três anos, a considerar a data em que lançou "O Rigalegio" pela primeira vez, em 1913. Sua obra tem características muito próprias, que o diferenciam num aspecto fundamental dos dadaístas europeus e americanos: ele não tem, como estes, uma visão pessimista de mundo; não propõe nunca a destruição do universo assentado pela destruição em si, mas sim como forma de "liberação foliona" da vida e da arte. Por isso, em seus textos, existe sempre uma intenção "brincante" de realidade.

Sua desordem programada é sempre utopista e libertária. Isto só é possível porque ele é um artista do riso. Nesse aspecto, tem uma visão otimista de mundo e de linguagem. Sua postura é carnavalesca.

É através da alegria que Juó Bananére propõe a revolução. É por isso também que, apesar de sua radicalidade, ele foi mais facilmente aceito aqui do que foram os próprios pré-modernistas mais ousados ou do que seriam, nos seus respectivos países, os dadaístas.

Enquanto Monteiro Lobato, que escrevia tirando o acento das palavras, incomodava, Bananére, mesmo estropiando a linguagem, era completamente aceito. Só pôde fazer isso impunemente porque foi um autor cômico, desses que lançam piadas cada vez mais constrangedoras, mas contra os quais não se pode fazer nada.

No universo do riso tudo parece inofensivo, quando, na verdade, como diziam os latinos, *ridendo dixit verum*. De qualquer maneira, seu sarcasmo teve um preço: o escritor nunca deixou de ser visto como uma espécie de *clown* meio estranho da literatura brasileira, quando, na verdade, Juó Bananére foi um padrão de estilo para as novas gerações.

As três versões de Bananére.
Acima, Bananére criado por Voltolino; abaixo à esquerda, Dom Ciccio, que inspirou Voltolino no desenho; e à direita, Alexandre Machado, que emprestou vida ao personagem.

5.
O POETA E A MÁSCARA

> "Inda a quintaffera io mi mascherai per cause di fazê um girio molto gustoso ingoppa a cittá. S'imagine che io mi visti uma roba uguali co a infardamento do Garonello, [...] Doppo mi buté un bunito naso, lungo come quello do Garonello, [...] e fiquê mesimo molto parecidissimo com quello inlustro ufficiali commandanto da a "briosa" Guardia Anazionala. Doppo che tenia fazido tuttas questa roba, cumpré uma purço dos lança perfumo e mi fui fazé a brincadera do garnevallo ingopa a pracia da Republica."
>
> "Cartas d'Abax'o Pigues"[1]

Juó Bananére, Contornos de um Desenho

A criação do personagem Juó Bananére (nome que surge com a italianização de João Bananeira, apelido popular na época) surgiu do feliz encontro do cronista Alexandre Machado com o caricaturista Voltolino.

Diz Alcântara Machado: "A imigração italiana nos trouxe um magnífico tipo anedótico, urbano e inteiramente representativo da nova fisionomia da cidade. Pitoresco, simpático, orgulhoso da bela Itália, satisfeito com a segunda pátria, gesticulador e prolixo, presta-se perfeitamente à caricatura, cita Dante e intervém na política local. Voltolino desenhou-o bigodudo, pançudo, de cachimbo e bengalão". E acrescenta que "Voltolino enriqueceu a galeria [da caricatura brasileira] com um tipo novo: o ítalo-paulista.

---

[1] *O Pirralho* nº 28, 17/02/1912.

Ele criou Juó Bananére. Ou mais exatamente a família de Juó Bananére. Criação magistral. Inigualável, talvez".[2]

Como lembra Ana Maria Belluzzo, "na época, a criação do tipo caricatural tinha sempre base no real". Ela conta que "foi Francisco Jacheo, conhecido humorista, inseparável de Voltolino, que usava o nome de Dom Ciccio, quem inspirou a criação de Juó Bananére".[3]

Complementa Francesco Pettinati que Dom Ciccio "queria ser um jornalista, *fare il giornalista*, tornar-se um daqueles personagens convidados que têm entrada livre nos camarins, dão de tudo à prima-dona e tratam com desprezo os principiantes; um crítico teatral, com lugar especial na opereta e no teatro de variedades". Assim ele descreve a pitoresca figura do humorista: "Cobria as deficiências da linguagem com a vivacidade de espírito [...] No ambiente da época de ouro da variedade e da pequena lírica, com seu monóculo, calvície d'annunziana, compensando com enormes saltos sua pequena estatura, perfumado como uma cocota, [era] como um personagem saído do mundo caricatural de Toulouse-Lautrec".[4]

Voltolino, inspirado em Dom Ciccio e com seu traço inconfundível, foi o responsável pela invenção gráfica de Juó Bananére; mas foi Alexandre Machado, com sua escritura singular, que deu vida a esse personagem. Foi o escritor macarrônico quem concebeu o perfil psicológico, os pensamentos e a dicção de Juó Bananére, além de dar voz também à família do "giurnaliste do Abax'O Pigues", formada por sua mulher, "Juóquina" (extensão do próprio nome Juó), sua filha mais velha, "Gurmeligna", seu genro "Garlluccio" e seu neto "Semanigno".

---

[2] Antônio de Alcântara Machado, *Cavaquinho e saxofone*, Rio de Janeiro, José Olympio, 1940, pp. 225 e 252.

[3] Ana Maria de Morais Belluzzo, *op. cit.*, p. 72.

[4] Francesco Pettinati, "Vita, Gloria e Miracoli dei Fanfulla di Ieri e di Oggi. Gli Umoristi", *in Fanfulla*, São Paulo, 04/10/1964, p. 3.

No "Rigalegio" intitulado "A Mia Vamiglia", de 1913, Bananére descrevia sua família, ao anunciar o nascimento de seu neto:

> S'imagine che vignó, nascido maise un Bananére p'ro o mundo!! Uh! porca miseria, che bó!!! [...] O páio do Semanigno é o Garluccio, ingraxato instabelecido indo o larghe du Arrusá co Saló di ingraxato a moda di *parigi*. Io só o sógro d'elli e illo é mio genero. Intó a Juoquina é a sógra. [...] A máia é a Gurmeligna mia figlia, guzinhera formada c'oa Scuola pr'a Normaliste [...]

Apesar da excelência do desenho de Voltolino, não precisou muito para que a criação verbal engolisse a imagética: ao assumir o pseudônimo de Juó Bananére, Alexandre Machado acabou incorporando completamente sua *persona*, e de tal forma que, com essa "alma" emprestada, Juó Bananére adquiriu existência real. Logo se transformou no representante típico do imigrante italiano. E pela primeira vez na história da literatura brasileira, surgiu um personagem literário nascido dos quadrinhos e com estatuto de gente.

Os desenhos de Voltolino, que foram concebidos para ter o mesmo *status* existencial da criação de Alexandre Machado, acabaram virando caricatura dessa voz literária com existência própria. Juó Bananére foi incorporado à vida particular de seu público leitor, como uma espécie de tio ou parente mais próximo que todos os seus entusiastas imaginavam poder ter.

Juó Bananére tornou-se logo um verdadeiro cidadão paulistano dos anos 1910; mas, na essência, nunca perdeu os traços caricaturais que o originaram. O que o tornava uma figura inesquecível.

Ele foi uma espécie de Charles Chaplin ou coelho Pernalonga da literatura brasileira. Por isso mesmo exerceu um grande fascínio sobre seus leitores, tornando-se uma *persona* acima do bem e do mal. Sua ferocidade crítica, de alguém que arrasava todos os valores vigentes, era imediatamente amenizada por esse aspecto de sua criação.

Isso só ocorreu porque Alexandre Machado foi um caricaturista verbal, que soube carregar, na construção de sua algaravia ítalo-paulista, aspectos formais semelhantes aos que Voltolino imprimia em suas charges, além de levar muito a sério o singular anonimato, proposto por sua radical pseudonímia.

O Poeta e a Máscara

Uma das questões relevantes do caso Juó Bananére é a do pseudônimo. Sabe-se pouco sobre a vida do engenheiro Alexandre Machado. O homem público foi Bananére. Assim quis seu autor: ser o "outro" — justamente o que o singulariza.

Na história literária brasileira, são raros os personagens com existência própria e a autonomia de um Juó Bananére. Nesse aspecto, a invenção de Alexandre Machado foi algo inédito, que o particulariza em confronto com outros escritores.

Inventar um outro "eu", com sentimentos que não os de si mesmo, ainda que se confundam com estes, configura um ato criador. Mais: é uma forma de expressão que singulariza a escritura; um recurso estilístico que carrega o texto de magia. O escritor, por trás da escritura, além de se proteger, permanece uma pessoa misteriosa. É uma espécie curiosa de anonimato público.

Fernando Pessoa, um dos maiores poetas do século XX e de todos os tempos — criador por excelência de desdobramentos da própria personalidade em *personas* diferentes —, dizia: "Por qualquer motivo temperamental, que não me proponho analisar, nem importa que analise, construí dentro de mim vários personagens distantes entre si e de mim, personagens esses a que atribuí poemas vários que não são como eu, nos meus sentimentos e idéias ou sentimentos meus, pois muitos deles exprimem idéias que não aceito, sentimentos que nunca tive. Há simplesmente que os ler como estão, que é, aliás, como se deve ler".[5]

Essa deve ser a atitude correta do leitor diante do trabalho de Alexandre Machado: não querer entender o personagem por ele criado através da vida ou das características psicológicas do autor. Existe em sua obra, explicitamente, essa dissociação entre autor e personagem, como se o escritor, no caso, fosse apenas o copista de uma outra entidade.

Dizem que o escritor Conan Doyle, depois de ter criado Sherlock Holmes, jamais conseguiu se livrar do personagem. Holmes ficou mais conhecido e importante do que o próprio autor. Ganhou vida independente. Personalizou-se. Existiu com intensidade na mente e no coração de seu público leitor. Tornou-se uma personalidade inglesa.

Com Juó Bananére — em proporções evidentemente menores — ocorreu algo semelhante: tornou-se personalidade paulista. Corporificou-se e existiu para um grande público de leitores dos mais variados tipos, que não sabiam absolutamente nada de seu autor. Todos queriam ouvir as opiniões políticas e os versos paródicos do "taliano".

Bananére — um desdobramento da personalidade de Alexandre Machado — adquiriu proporções maiores do que talvez seu próprio autor tivesse almejado. Ele foi um verdadeiro fenômeno público naquela São Paulo antiga. E a criatura acabou engolindo completamente o criador.

Alexandre Machado, enquanto escritor, nunca mais abandonou a "língua-linguagem" e a assinatura "Juó Bananére". Todos os seus artigos, livros e peças teatrais, sem exceção, foram escritos e assinados por esse que ele escolheu para ser sua máscara. Na verdade, ele foi um ator verbal. Encarnou um único personagem e lhe deu vida e estilo através de uma fala característica e específica: um português macarrônico.

---

[5] Cristina Fonseca, *O pensamento vivo de Fernando Pessoa*, São Paulo, Martin Claret, 1986, p. 18.

Sherlock Holmes fazia parte de uma ficção, um drama que o comportava; Juó Bananére foi um personagem sem drama, sem a ficção que o amparasse. E sua *persona*, ao contrário daquela inventada pelo romancista inglês e de outras tantas existentes na literatura, não era una, mas múltipla.

Ao incorporar em si mesmo toda uma voz imigrante, Alexandre Machado criou uma pluralidade de personagens contidos num único "eu". Por isso, como ele mesmo deixou galhardamente escrito, Juó Bananére não era somente um pseudônimo, mas uma "firma Juó Bananére", ou ainda uma "sociedade anônima".

O próprio escritor foi quem primeiro alertou sobre esse seu curioso anonimato ao mesmo tempo uno e coletivo. Para torná-lo evidente, em todos os cabeçalhos de "O Rigalegio" colocava:

> Organo Independento do Abax'o Pigues i do Bó Retiro./ Prorpietá da sucietá anonima Juó Bananére & Cumpania.

Também na sua seção da revista *O Queixoso*, o poeta não se esquecia de assinalar:

> S'empr'Avanti, proprietá da Firma Juó Bananére e Figlios.

O "Eu" e o "Outro"

Alexandre Machado criou um outro "eu" radicalmente distinto de si mesmo: ele não era italiano, nem ítalo-paulista, como Juó Bananére e sua família. Foi quase um erudito. Vinha de uma família tradicional do Vale do Paraíba, de boa origem e com muita formação. Foi um engenheiro pragmático e, segundo amigos, um homem tímido, desligado e estranho. Um ser fechado.

Sobre ele, comenta Oswald de Andrade: "Alexandre Machado, um mestre da sátira nacional [...] era um moço

O RIGALEGIO

Dromedario Inlustrato

ANARCHIA, SUCIALISMO
LITERATURA, VERVIA
FUTURISMO, CAVAÇO'

Organo Indipendento do Abax'o Pigues i do Bó Retiro

PRORPIETÁ DA SUCIETÁ ANONIMA JUÒ BANANÈRE & CUMPANIA

Redattore e Direttore: JUO' BANANÈRE | 1913 | REDAÇO' I FICINA: Largo do Abax'o Pigues pigdo co migatorio

ELLI

P' ru Hermeze

Io sugnê certa notte,
Che vi un brutto cumbatto
Nu meie du matto
Che tenia surdado piore da nuvola dos gafagnotte.

I o migno novio, o ermó do Giangotte,
Bunito come un indisgraziato,
Iva na vrente du cumbatto
Amatano genti co xicotte.

Tuttos munno indisgambava
Quano o Hermeze passava,
Uguali come un Napoleó!

Disposa una purçó di angelo pigàro elli,
Butaro dentro da gartola du Vapr' elli
I liváro p'ru çeu come un rojó.

Nairia.

ELLA

P' ra Nairia

Aquilla tale minina
Che io tegno puxó p'ra elle,
E' bella come una indisgrazista... belja
Fiore d' una çaçina!

Apparece una gulombina
Pindurada na gianella,
Quano io apasso inda a gaza della
Na ora che o sole s' incrina...

Quano io si gazá.
Nu cumeço do meise chi vê,
Giunto coella;

Io ê di dá
Sê ella vê
Un brutto beggio na boccadella!

Hermeze da Funzega

TRAGEDIA

P'ru Piedadó.

Pun, pun, pun!... Chi batte ista óra!
Co esta brutta ventalia...
— Abra chi a notte stá sombria
Gà fóra.

— Non abro! Vá s'imbora!
— Abra saparia...
Sinó io faccio una brutta relia
Aqui fóra.

Ma chigné chi stà bateno
Inda a porta da a prefettura
Co esta brutta afriçó!?

Só io, o Garonello che stó quireno
Intrá. Risponde una voiz-che garadura
Istu Piedadó.

Página do encarte "O Rigalegio", de 1913: plenitude da radicalidade literária do autor.

tímido, de grandes qualidades morais. Casmurro e incapaz de fazer uma piada em português".[6]

O prolixo Juó Bananére, ao contrário do autor, não tinha nada de pragmático ou discreto. Era um falador histriônico e extrovertido; um homem do povo, com todos os seus defeitos e qualidades, e um barbeiro ignorante.

Por isso mesmo, nem sempre as posições estéticas e ideológicas de Alexandre Machado são as mesmas de sua máscara. E não se pode ignorar esse aspecto fundamental de sua criação, pois é através dele que se dá todo o movimento crítico de seu trabalho.

Enquanto o autor, em sua estilística, utilizou, por exemplo, recursos de construção próprios do futurismo, Juó Bananére, enquanto personagem, ridicularizou os futuristas. Outras vezes ainda, o personagem toma posições políticas opostas às de Alexandre Machado, e está sempre bajulando os homens do poder.

As contradições entre autor e personagem são tão complexas quanto as contradições interiores do próprio personagem: Juó Bananére foi concebido para ridicularizar as inadequações dos carcamanos numa terra estrangeira, mas também, paradoxalmente, para ser um representante dos anseios dessa gente.

Como diz Mario Carelli, "Juó Bananére é visto ao mesmo tempo como o símbolo risível e como o porta-voz por excelência do Carcamano".[7]

Sobre esse aspecto, é muito esclarecedor o comentário de Alcântara Machado: "Símbolo cômico e ridículo do imigrante que aqui se tornou alguém e que não se priva de dar sua opinião sobre as coisas. De tal modo que basta que ele se declare amigo de um político para ridicularizá-lo. O paulista tomava a desforra através dele [...] Juó Bananére, cidadão de São Paulo, permaneceu sempre profundamen-

---

[6] Oswald de Andrade, "A Sátira na Literatura Brasileira", *op. cit.*

[7] Mario Carelli, *op. cit.*, p. 106.

te italiano. Interpretando com justeza os sentimentos da maioria da colônia, ele se achava credor de uma terra de adoção e não lhe devia absolutamente nada. Nem mesmo o reconhecimento [...] E porque exprimia alto o que os outros segredavam na intimidade, ele era, sem dúvida, o líder porta-voz da colônia".[8]

Sente-se que Alexandre Machado, ainda que crítico, demonstra um carinho especial por essa gente que aqui chegou; é sensível às necessidades e dificuldades que o imigrante passava nesta terra estranha. Sua visão do imigrante, representada na figura de Juó Bananére, não é preconceituosa nem paternalista, mas receptiva e libertária.

A liberdade está na visão "carnavalizada" que o autor tem do personagem principal, da imigração e do momento político em que esse mesmo personagem se insere: Juó Bananére é uma máscara carnavalesca e risonha do próprio autor, mas também do personagem ítalo-paulista que representa. Ao incorporá-lo, Alexandre Machado não se transformou em "outro" ser, mas numa "caricatura" de outro ser. O mesmo procedimento foi adotado para todas as personalidades que, pela voz de Juó Bananére, ele satiriza, e da mesma forma para os personagens criados. Na sua obra não existem seres esféricos, complexos, mas tipos caricaturais.

Portanto, Juó Bananére não é uma exceção jocosa num mundo ideal. Ele se insere num universo cômico em que todos os que participam são iguais a ele: "máscaras-bufas" de uma realidade impraticável.

Juó Bananére comenta com contundência e simplicidade os fatos do mundo ao redor e flagra com malícia e despojamento os deslizes de seu tempo — as corrupções políticas, os ufanismos exagerados, a literatura medíocre e estabelecida de então —, surpreendendo-se e indignando-se; fazendo um contraponto do poder.

---

[8] Antônio de Alcântara Machado, *op. cit.*, pp. 225 e 258.

Mas todo esse movimento crítico do "personagem principal" se dá de forma ambígua e complexa: o "barbieri" representante do "Abax'o Piques" carrega em si toda a inconsciência política e social das massas desprivilegiadas. É um "barbieri", não só no sentido de alguém que tem por profissão cortar barbas e cabelos, mas também do profissional inábil no seu ofício, isto é, o duro ofício de compreender com lucidez a realidade. Por isso mesmo, ele faz "barbeiragens".

Apesar de sua perspicácia ladina, de alguém que tira a sabedoria das experiências vividas, enquanto signo emblemático de toda a "plebe rude" e não só dos imigrantes que representa, ele contém em si, paradoxalmente, as conseqüências negativas de sua desinformação. Sua personalidade é suscetível aos obscurantismos impostos a ele ideologicamente pelo autoritarismo religioso e às mazelas políticas de um sistema corrupto que não lhe oferece nada, senão a idiotia e a escravidão.

Juó Bananére tem uma visão redutora e plebéia da realidade, por isso mesmo é subserviente, bisbilhoteiro e indiscreto com a vida alheia. Não escapa do culto estúpido ao poder e à ideologia dominante, com adesão patrioteira aos símbolos cívicos, às fardas, ao militarismo, aos homens de poder e de posição.

Ele sempre se diz amigo do "Garonelo", participante da "briosa — Guardia Anazionale", "barbieri" do presidente "Voxiton Luigi", e quer ser um poeta com a importância de um "Bilacco", que ele imita e inveja. Mas é justamente em torno dessa sua tentativa de se adequar/participar do *status quo* que a narrativa desenvolve seu movimento crítico: ao refletir sua própria estupidez, Juó Bananére acaba por espelhar toda a estupidez e as torpezas da ideologia dominante, além do bestialógico da própria condição humana, e não só de sua condição.

Bananére é um personagem que "escreve o certo por linhas tortas". Não é à toa que o principal recurso estilístico do seu discurso é o do chiste e do *nonsense:* ele faz surgir,

O Pirralho

Manifestações ao Marechal

Tambem as classes armadas de.... navalhas e cacetes manifestaram sua solidariedade ao [illegible] do Catette.

Anno II

União Brazileira Sociedade Paulista Beneficente e de Peculios. Sede: S. Paulo, Rua de S. Bento, 21, Telephone, 2712, Caixa, [illegible]. A unica associação de peculios por fallecimentos que faculta o seguro conjuncto aos casados. Peçam prospectos na sede social.

300 rs.

O governo do Marechal Hermes da Fonseca (1910-1914) foi o período áureo d'*O Pirralho*: Voltolino e Bananére ironizavam as intervenções nos estados e a extrema impopularidade do presidente junto às classes baixas.

através das escorregadelas de sua própria ignorância, o ridículo das situações.

Ao falar, por exemplo, da Academia de Direito do Largo de São Francisco, ele diz: "Fui aricibido pero *gorpo indecente da Gademia*", em vez de "corpo *docente*".

Como se na operação entre ouvinte e locutor houvesse sempre um curto-circuito na comunicação, Juó Bananére, conseqüentemente, desavisado e não compreendendo muito bem as construções da língua — principalmente dos versos nobres parnasianos — escutava tudo atrapalhadamente, mudando o sentido das frases, tirando a solenidade da poesia e dando uma interpretação vulgar às situações.

Juó Bananére tem a profunda capacidade de captar lapsos e através deles obrigar o leitor a um aperfeiçoamento da percepção. Sua linguagem, nesse aspecto, é como uma câmara cinematográfica: assume um aspecto multiplicador.

Ao falar, por exemplo, que vestiu uma farda de coronel, ele diz: "Io mi visti uma roba uguali co a infardamento do Garonello", em que "roba" tem o duplo sentido de "roupa" e "roubar"; o personagem, portanto, veste a roupa e rouba, igual ao coronel com sua farda, ou ainda "rouba a roupa do coronel".

Bananére sempre diz ao leitor: "S'imagine que io" querendo dizer "Imagine você que eu", mas também "Se imagine sendo eu", num claro convite para que se entre nesse seu mundo. Quando ele diz, por exemplo, ao soldado: "Tu mi apaga, surdado indisgraziato!", na verdade ele quer dizer "Tu me pagas, soldado", mas o que ele diz, por lapso, é o que ocorre na realidade, isto é, o soldado que "apaga"/acaba com Bananére.

A linguagem estropiada de Bananére, através da proposital anomalia do discurso, amplia como um microscópio os deslizes do mundo ao redor. Ao alargar as possibilidades semânticas/sintáticas da linguagem, ele obriga à análise de realidades até então perdidas no vasto fluxo das coisas, e também da própria linguagem.

Nesse aspecto, seu discurso acaba versando também sobre o discurso; e sua literatura se torna uma discussão sobre o "fazer" literário. Esta outra característica de sua escritura se torna muito clara nos momentos em que o autor parodia poemas e trechos famosos da obra de outros autores.

Dessa forma, sua paródia assume dois papéis: tanto o de "registro essencialmente cômico, que revira o texto parodiado e nos dá o farsesco"[9], como o de "canto paralelo", segundo um conceito usado por Haroldo de Campos. Como explicou o ensaísta, "paródia [...] não deve ser necessariamente entendida no sentido de imitação burlesca, mas inclusive na sua acepção etimológica do *canto paralelo*".[10]

Seguindo o padrão de toda a obra, Juó Bananére também é ambíguo e profundamente irônico. Nunca se pode dizer com exatidão quando ele é tolo ou se faz de tolo; quando termina sua idiotice e começa sua galhardia e malícia. Por isso mesmo Juó Bananére é um personagem altamente dessacralizante, no melhor sentido que foi dado ao termo pelo teórico russo Mikhail Bakhtin.

Bananére é o louco carnavalesco, que "inda a quintaffera", como ele mesmo diz nas "Cartas d'Abax'o Pigues" de 17 de fevereiro de 1912, do *Pirralho* nº 28, se "mascherai"/se mascara "per causa di fazê un girio molto gustoso ingoppa a cittá", quando o carnaval termina, na Quarta-Feira de Cinzas, e se traveste de "Garonello" — coronel Piedade —, com uma "roba iguali co a infardamento do Garonello", uma "bunita spada inda a barriga", compra "uma purço dos lança perfumo" e sai fazendo "a brincadera do garnevallo ingoppa a pracia da Republica".

---

[9] Boris Schnaiderman, *op. cit.*, p. 90.

[10] Haroldo de Campos, "Apresentação" a *Oswald de Andrade: trechos escolhidos*, São Paulo, Agir, pp. 15-6.

Nenhum escritor brasileiro embarcou com tanta radicalidade quanto Alexandre Machado na corrente popular do carnaval, das farsas dos moleques e estudantes de rua, na fala dos loucos e dos simples, para daí extrair sua fonte de inspiração.

Espécie de Rabelais brasileiro, muitos parâmetros utilizados por Bakhtin para analisar a obra do escritor francês de *Gargantua* e *Pantagruel* se aplicam a ele.

Através da paródia e do macarronismo — que recupera toda a fala estropiada e coloquial das ruas, com suas inflexões e gírias singulares —, Alexandre Machado inicia seu leitor no vasto "mundo do riso", no qual se instaura de imediato o farsesco, a gargalhada das ruas e o carnavalesco, "com todos os atos e ritos cômicos que a ele se ligam"[11], numa alegria esfuziante e desestabilizadora do mundo oficial, do Estado ou da Igreja, e de todas as convenções sociais.

A *persona* que Alexandre Machado assumiu é uma máscara carnavalesca multiforme, que pode, inclusive, assumir outras máscaras, como, por exemplo, a de "Garonello" e, através dela e de suas estripulias folionas, instaurar um "outro mundo".

Um universo cômico repleto de personagens reais que, desestabilizados pela ação do personagem central, logo se transformam também eles em máscaras/signos emblemáticos de seus papéis sociais de soldado, vendedor, presidente, comportadas filhas de família etc., imediatamente questionados pelo poder efusivo da irreverência, pois é paradoxalmente através da máscara que seus verdadeiros rostos/caráteres se revelam.

Como nos rituais carnavalescos, nada fica imune a nada. O próprio leitor é arrastado para esse novo campo de relações altamente libertador e democrático, no qual os

---

[11] Mikhail Bakhtin, *op. cit.*

AS CARTAS D'ABAX'O PIGUES

Io mi fiz o mascherato · O garnevallo inda a pracia a Republiga · A indisgunhambaçó co Alengaro · O Giochino Antunese · O dinhero infalsificato · O Lacarato · Io fú ingoppa o intomobile · Che gustusura.

Lustrissimu Redattore du «Piralho»

Inda a quintaffera io mi mascherai per causa di fazê um girio molto gustoso ingoppa a cittá.

S'imagine che io mi visti uma roba uguali co a infardamento do Garonello, buté uma bunita spada inda a barriga e també uno xiroso kepi ingoppa a gabeza, ma um kepi mais grandi di quello do Garonello.

Doppo mi buté um bunitó naso, lungo come quello do Garonello, uma barbigna, um bigodo e duas vias mais grande dos arrologios da staçó da a Luiz, come só també os óios du Garonello, e fiquê mesimo molto parecidissimo com quello inlustro officiali commandanto da a Abriosa Guardia Anazionala.

Doppo che tenia fazido tuttas questa roba cumpré uma purçó dos lança perfumo e mi fui fazé a brincadera do garnevallo ingoppa a pracia da Republiga.

Quano xigué lá, incontré logo uma purçó di mininas bunitas che só tuttas mias acunhecidas. Tenía lá a Jóchinigna, a Garmeligna, a Marietta, a Marriquinha, figlia du Scipione cumpá, a Bastiana, e mais una purçó, tuttas costurierine indo o prospero distritto do Abax'o Piques.

Intó io pigué logo da spirrá os lança perfumo ingoppa a gara di ellas, ma di repente xigó o Alengaro e mi disci:

— Papá! mi dá quinhentó per acumperá uma bisnagra?!

— Eh! ma che papa! io non só tuo papá non signore!

— Non brinca, papá! mi dá quinhentó!?

Intó io fiqué damnado, mi fiz uma bruta disgunhambaçó co Alengaro e o Alengaro fui s'imbora currendo pur causa che illo vi che io non era o Goronello; mesimo pur causa che si fusse o Goronello, non tenía curaggio da fazé uma indisgunhambaçó, come io.

Ma inveiz us mios lança-profumo cabaro e come io non tenia fazido aora a brincadeira co' a figlia do Scipione cumpá, mi fui logo indo uno botteghino che té lá inda a pracia, da um tale Gioachino Antunese e cumpré un'altro bisnagro e mi pagué due massoni.

Ma inveiz, quello mascalzoni do Gioachino Antunese mi disse che quello dignero éra infalsifigato.

— Infalsifigato é a maia! mi disse io agurinha mesimo, pur causa che io non aturo disafore né do Capitó e né també do Hermese da Funzeza.

— Daliano indisgraziato! mi disse quello mascalzoni; cála a bocca e fica chetto senó ti mando prendé p'ra gadéa.

— Cala a bocca, vá elle! uvé!?...

Intó o Gioachino Antunese, e tuttos os mondo che estava lá si ajugaro ingoppa de istu suo griato, ma io che não tenho paura né do Cusarunhes e né també do Capitó, mi fiz una bruta indisgunhambaçó, che non tive né uno che non fosse disgambado da paúra.

O Gioachino Antunese, io quebré treiz veiz a gabeza delle.

Di repente xigó uma purçó di surdado e quiria mi levá preso p'ra gadéa.

També o tenento Galligna. Intó um surdado mi pigó i mi te dado um bunito piscoçó, e intó io mi dissi:

— Non brinca! vá!...

— Che! mi disse quello surdado malgreato; camina dipressa, sinó ti rompo a gabeza.

— Tu mi apaga, surdadu indisgraziato!

Ma inveiz in questo momento xigó o Lacarato e intó io fui de intomobile co Lacarato.

Eh! chi gustuzura mamma mia!

Con tutto o a stima e consideraçó il suo griato

Juó Bananere

[illegible]

A máscara carnavalesca dos artigos de Juó Bananére ridicularizando os militares de "capa-e-espada" da Velha.

valores se misturam e se invertem, em revolução: o alto vira baixo, o sagrado vira profano e ocorre o fenômeno da familiarização e da desierarquização, descrito por Bakhtin, em que provisoriamente são suspensas todas as diferenças sociais, numa aproximação festiva entre superiores e subordinados.

A "Carta" de 17 de fevereiro de 1912 é um exemplo desse espírito carnavalesco e desafiador dos padrões comportamentais e do mundo oficioso, que Bananére, com suas estripulias folionas, faz desmoronar.

Depois que se traveste de "Garonello", o personagem-tema sai brincando o carnaval, e logo "pigué da espirrá os lança perfumo ingopa a gara" de "uma purçó di mininas bunitas che só tuttas mias acunhecidas", entre elas até a "figlia du Scipione cumpá", uma referência ao personagem Annibale Scipione, criado por Oswald de Andrade.

Juó Bananére está tão perfeito em sua máscara de militar, que confunde o próprio filho do "Garonello", o "Alengaro", que lhe pede "quinhentó per acumperá uma bisnaga". Bananére lhe responde:

> Eh! ma che papa! io non só tuo papá non signore! Intó io fique damnado, mi fiz uma bruta disgunhambaçó co Alengaro e o Alengaro fui s'imbora currendo pur causa che illo vi che io non era o Garonello; mesimo pur causa che si fusse o Garonello non tenia curaggio da fazé uma indiscunhambaçó, come io.

A partir daí, as "disgunhambaçó" não terminam e a narrativa fica mais vertiginosa. Bananére vai ao "butteghino che té lá inda a Pracia" comprar uma outra bisnaga, quando o vendedor, "Gioachino Antunese", diz que seu dinheiro é falso: "Infalsifigato é a maia! mi disse io agurinha mesimo, pur causa che io non aturo disaforo né do Capitó e né tambê do Hermese da Funzeca" (referência clara ao exército e ao presidente).

O carnaval nas capas de Voltolino: deboche aos políticos da época.

Depois de armar uma "confuso com o Antunese", em que Bananére "quebré treiz veiz a gabeza delle", chega a polícia:

> Uma purçó di surdado mi pigó i quiria mi-levá preso pr'a gadeá. També o tenento Gallignа. Intó um surdado mi pigó i mi te dado um bunito piscoçó, e intó ió mi disse: — Non brinca! vá!... Che! mi disse quello surdado malgreado; camina dipressa, sinó ti rombo a gabeza.

Bananére responde: "Tu mi apaga, surdadu indisgraziato!". Mas aí ocorre um fato que alivia a tensão:

> Ma inveiz in questo momento xigó o Lacarato e intó io fui de automobile co Lacarato. Eh! chi gustuzura, mamma mia!

Em suas crônicas de relatos aventureiros pela cidade e pelas tradições, são freqüentes seus atritos com a polícia ou o exército, mas ele sempre consegue escapulir.

Um Espelho em Distorção

Em todo o conjunto de sua obra, sem exceção, Juó Bananére criou uma espécie de cosmovisão alegórica, específica, própria e única do mundo. Nela, a ética e a estética se fundem, são a mesma coisa.

Seu trabalho pode ser definido como um tipo de delírio carnavalesco e satírico. Não só mistura gêneros, como também as diversas correntes e manifestações literárias, abolindo graus de valor, importância e hierarquia. Na poesia, de Camões às canções populares; na prosa, da crítica política à crítica social e estética, tudo vira motivo de riso unificador e humanístico.

Destruindo a aura dos versos consagrados, popularizando o erudito, apresentando o complexo com a linguagem do simples, Alexandre Machado inverteu propositalmente todos os valores. Transformou a cultura de elite em cultura jornalística, chargista, de massa. Por outro lado, literaturando o popular, acabou por torná-lo elite.

Sua literatura é basicamente paródica: a paródia bananérica não se impõe apenas no nível semântico, de conteúdo, mas também no nível sintático e estrutural. Ela é uma caricatura verbal levada às últimas conseqüências. E Alexandre Machado mostra, a todo momento, que as palavras são desenhos, que podem e devem ser deformadas, como um caminho a mais de experimentalismo e invenção.

Em Bananére, tudo se parodia; os personagens reais e os ficcionais, o autor e seu *alter ego*, os estilos e as escolas literárias, os versos existentes e os que se inventam, e, por fim, as próprias palavras enquanto escritura.

Através da paródia, sua literatura se transforma num espelho da realidade e da própria literatura, que reflete imagens propositalmente em distorção.

No seu caso, parodiar não significa uma falta de informação, mas um tipo de informação e um estilo, como também uma duplicidade.

A questão do duplo, do dialogismo, do "outro" e da máscara são aspectos fundamentais de sua criação.

Tanto parodiar quanto caricaturar são formas cômicas de reprodução. E uma leitura cômica da realidade significa duplicar essa mesma realidade. Bananére traça uma linguagem de duplos. Seu "eu" literário é dialógico e sua obra, um sistema de representação.

Naturalmente, toda obra é um sistema de representação. Mas o que diferencia a charge verbal de outras criações literárias é o fato de ela não transitar nas coisas, mas nos signos que essas mesmas coisas representam.

Em seus textos, Juó Bananére responde ao signo com um outro signo. Utiliza-se constantemente de códigos indiciais, simbólicos ou icônicos como caracterização do texto (jogo estilístico). Circula, através da máscara, pela realidade: parodiar em Bananére é espelhar com distorções.

Juó Bananére é uma máscara carnavalesca e um *alter*

ego distintivo que transforma Alexandre Machado, seu autor, no "outro", num ser existente apenas na literatura, portanto, uma ficção. Conseqüentemente, pode-se entender que o que ele descreve, pela voz de Juó Bananére, também não passa de ficção.

Mas aí surge a duplicidade e a complexidade da questão: tudo o que se comenta em sua obra tem base no real. Transparece no todo, sobre e além da paródia, sua aguda visão da modernidade.

Cronista de seu tempo, Juó Bananére deixou em seus textos um registro de sua época. Mas nele, registrar significa distorcer. É na deformação do real que a realidade transborda. Por isso mesmo, o jogo especular de seu trabalho se torna complexo. Ali, já se apresenta a questão estética da inversão e da reprodução na obra de arte.

Na cosmovisão bananérica, a arte é um espelho cômico da vida e da arte. Sua forma radicalmente coloquial, em vez de se comprometer com a arte, compromete-se com a vida.

O Labirinto

A questão do duplo está em toda e qualquer atividade de linguagem, pois esta será sempre alguma coisa que representa uma outra coisa para alguém. Mas na metalinguagem essa característica se intensifica.

Bananére se utiliza constantemente da metalinguagem. Sua obra tece um comentário de época, mas seu fim é tecer um comentário estrutural da linguagem, através do jogo lingüístico, macarrônico, estropiado.

Como todo o seu trabalho é paródico, conteudisticamente, nele nada é criado, tudo é transformado. Por isso seu conteúdo é um "vir a ser". Por outro lado, na criação de um novo dialeto e nos resultados formais das recriações, essa obra contém um ser, o que faz dela uma singular invenção, que lida com a multiplicidade do discurso galgado sobre o próprio discurso. A isto se chama simultaneidade.

Os textos bananéricos são simultâneos; possibilitam sempre duas ou mais leituras unificadas numa única. E a realidade é o simulacro. Ali, conteudisticamente, não está retratado o real, mas o simulacro do real — uma duplicidade.

Enxergar o mundo como duplicidade é uma das grandes questões da literatura contemporânea. A ensaísta Maria Lúcia Santaella, em seu artigo "O Signo à Luz do Espelho", coloca lucidamente que "não é por acaso que é contemporânea à invenção da fotografia a invenção do duplo na literatura, de que a obra de Edgar Allan Poe é exemplo exemplar".[12]

Alexandre Machado vivenciou o auge da assimilação da fotografia e também o surgimento do cinema nacional. Como alguém inserido em seu tempo, tangencia a questão da reprodução técnica modificando o conceito de obra de arte.

Toda sua obra é um trabalho de "reprodução fotográfico-verbal": são *flashes* de momentos, por isso só se realiza na relação direta e imediata com o real. Mas, ao reproduzir esse real, nele se corporifica a impossibilidade heraclitiana de retratá-lo, pois este, quando retratado, se perde. É fugaz como o próprio tempo e a fotografia, que na verdade nunca consegue captar o real, pois não passa de uma ilusão especular[13].

---

[12] Maria Lúcia Santaella, "O Signo à Luz do Espelho", *in Folha de S. Paulo*, caderno Folhetim, 16/09/1984.

[13] Arlindo Machado, em seu ensaio sobre fotografia *A ilusão especular*, editado pela Brasiliense, demonstra que por mais perfeito que possa ser o registro de um objeto, ou qualquer outra realidade, ele nunca é o que de fato representa, isto é, a própria realidade, mas uma "ilusão especular" intermediada pelo olhar de quem o registra e a máquina fotográfica, um aparelho que por sua própria natureza tem recortes e limites. Por isso mesmo, toda imagem capturada pela fotografia é um sistema de representação que, longe de nos fazer ver o real, mostra uma determinada codificação de realidade.

Capa do tablóide independente *O Queixoso*, com desenho de Voltolino, que assina com o pseudônimo Lulú.

Por isso Bananére só faz paródia. Por essa mesma razão, todos os personagens que ele retrata são símbolos, ícones e índices de um período. Na irrealidade, ele buscou a realidade.

Os textos de Bananére captam todo um momento histórico. Mas a sua precisão é a da imprecisão — a única possível quando se trata de arte contemporânea. Bananére é um parodista desconstrutivo. Sendo um realista, ridiculariza o realismo, substituindo-o pelo simulacro. Não cria realidades, como outros romancistas, mas destrói todas elas. Não esconde o jogo da representação; pelo contrário, intensifica-o, embutindo nele a questão da verdade em arte. Trabalha com o tempo e o espaço einsteiniano da relatividade, o único possível para o homem do século XX, um ser assombrado diante de um mundo em que cada vez mais a realidade é só a da duplicação e multiplicação da linguagem.

Por isso, não seria exagero afirmar que a realidade bananérica é uma possível leitura paródica, desconstrutiva e representativa da realidade, cujo fim é transformar-se num novo signo; portanto, numa nova realidade.

Em Bananére, só a paródia é real. Nele já se apresenta a impossibilidade moderna de se criar algo rigorosamente original. Ele já pressente que a reprodução pode se tornar uma novíssima forma de criação.

S. Paulo, 27 de Novembro de 1915

O Pirralho

Numero 207

Revista Illustrada de Importancia : : : : : evidente

Redacção
RUA 15 DE NOVEMBRO, 50-B

Caixa do Correio, 1026

EXPEDIENTE

Juó Bananére

Deixou de fazer parte desta revista o talentoso moço Alexandre Marcondes Machado, que sob o interessante pseudonymo de **Juó Bananére** *vinha ha muitos annos com as suas magnificas* **Cartas d'Abaixo O' Piques** *desopilando o figado dos nossos leitores.*

Ao optimo companheiro os nossos agradecimentos com as melhores votos de felicidade.

SUCCESSÃO PRESIDENCIAL

A dissidencia pela bocca de seu illustre chefe accusa o Cons.º Rodrigues Alves de egoista.

Por mais que sondemos e percorramos a existencia do venerando chefe republicano não conseguimos encontrar o menor fundamento para a desastrada accusação.

Todos sabem que, apesar de defendermos a candidatura do dr. Altino Arantes, porque o julgamos muitissimo digno de occupar o alto posto para o qual foi indicado e d'isso elle já deu sobejas provas, não somos inimigos figadaes de nenhum agrupamento politico do Estado, nem amigos incondicionaes de qualquer d'elles.

Somos antes de tudo justos e, portanto, toda accusação que se não fundar na verdade rebateremos com calor e enthusiasmo.

Melhor ensejo não teria o egregio presidente do Estado para patentear o seu egoismo, do que na occasião em que os próceres da nossa politica lhe confiaram a solução do caso presidencial.

Entretanto que fez S. Ex.cia? Entregou a solução do problema ao arbitrio da Convenção.

Uma vez que os nossos pro-homens confiaram ao presidente do Estado a escolha do seu successor, elle podia indicar um nome sem absolutamente ferir as normas democraticas do regimen e muito menos melindrar esta ou aquella facção.

Mas a despeito da illimitada confiança que os chefes paulistas depositaram no venerando Conselheiro, este entendeu melhor entregar o caso á Convenção, dizendo apenas que nas varias confabulações que tivera com os próceres notara uma grande sympathia pelo dr. Altino Arantes e era de parecer que seria esse o nome vencedor na Convenção.

Onde está o egoismo? Dão-lhe todo o direito para resolver o caso e elle, o egoista, abdica desse direito.

Demais é sabido que todos os grupos politicos, com excepção da dissidencia, aceitavam e até queriam a candidatura do dr. Altino Arantes. Porque razão, pois, o Conselheiro devia regeital-a, si via que ella era a manifestação unanime da vontade dos mais graduados representantes do povo?

A dissidencia é que foi caprichosa e egoista, fez questão de nome e levou a sua cenreira a ponto de abandonar o P. R. P. que sempre a servira e prestigiara.

NOTA POLITICA

Depois de um periodo apparente de calma, volta a se agitar de novo neste instante, a politica paulista.

Razões para essa agitação, não as temos.

A pequena scisão que se deu no partido Republicano Paulista, por occasião da convenção do dia 7, não tem essa importancia que uma imprensa exquisita e uma imprensa barulhenta e dispeitada lhe querem dar.

Não sabemos porque só agora se lembram os thuriferarios da dissidencia, de que S. Paulo não comportava uma scisão e que assim scindido S. Paulo perde a hegemonia que devia ter nos negocios politicos da Uniã[o]

S. Paulo, nestes ultimos tempos viveu scindido na sua politica interna

A ex-dissidencia chamada para co[-]operar no governo do sr. Jorge Ty[-]biriçá, viveu sempre n'uma apparent[e] paz, mas verdadeiramente, hostilisand[o] os seus inimigos de hontem, guerr[e]ando figuras de destaque do P. [R.] Paulista.

Quando foi que o sr. Julio de Me[s]quita foi amigo do sr. Lacerda Franc[o]

Esta scisão de agora veio natu[-]ralmente, como naturalmente estour[ou] a guerra europea.

Uma, é o fructo de uma diplom[a]cia baloufa e de tratados mal firm[a]dos depois de uma luta encarniçad[a]

Outra, fructo de um accordo hybr[i]do entre facções que sempre se gue[r]rearam e que só abandonaram o ca[m]po da luta, na vespera de se abr[a]çarem.

O *Estado de S. Paulo*, orientand[o] cremos nós, a imprensa do Rio, qu[er] dar a essa scisão de agora um val[or] que ella não tem.

Perdeu o partido paulista um red[u]zido grupo politico e ganhou out[ro] reduzido tambem, mas muito super[ior] á dissidencia, em valor eleitoral.

Durante quasi oito annos, que [he]gemonia teve S. Paulo na politica [da] União?

E não era por acaso nessa ép[oca] S. Paulo «o grande Estado da Fe[deração]

O *Pirralho* de 27/11/1915. Página com expediente anunciando a saída de Juó Bananére do jornal.

6.
DAS "CARTAS D'ABAX'O PIGUES" AO *DIARIO DO PIQUES*: O ABUSO EM BLAGUE

> "Quartaffera tive a nunciada vesta du Billacco, o príncipe dus poete brasiliéro, o Dante anazionalo. Uh! mamma mia, che successo! O saló stava xiigno piore du garnevalo na rua 15. Os lustro di gaiz stavo xiigno di genti pindurada. Gada lustro apparicia un gáxo di banana. Bilacco dissi moltos sunetto gotuba. Impubricamos imbaxo uno insemplare."
>
> "A Vesta du Bilacco"[1]

Desafinando o Coro dos Contentes

No dia 27 de novembro de 1915, surgiu uma nota, no expediente de *O Pirralho* nº 207, com os seguintes dizeres:

> Deixou de fazer parte desta revista o talentoso moço Alexandre Marcondes Machado, que sob o pseudônimo de *Juó Bananére* vinha há muitos anos com as suas magníficas "Cartas d'Abax'o Piques" desopilando o fígado dos nossos leitores. Ao ótimo companheiro os nossos agradecimentos com os melhores votos de felicidade.

Depois dessa nota, não se encontra mais nenhum artigo de Bananére no tablóide. O motivo de sua saída repentina foram duas crônicas sarcásticas de Bananére, contra o poeta Olavo Bilac e que acabaram atingindo a própria Campanha Civilista, apoiada pelo tablóide.

---

[1] "Cartas d'Abax'o Pigues", *O Pirralho* nº 204, 16/10/1915.

O primeiro artigo é de 16 de outubro de 1915 e refere-se à visita de Bilac a São Paulo, convidado pela Sociedade de Cultura Artística, para declamar seus versos, num recital no Salão Germaine.

Sua chegada era anunciada como uma visita de objetivo puramente literário. Olavo Bilac vinha acompanhado do parnasiano paulista Amadeu Amaral, que pouco antes estivera no Rio de Janeiro, fazendo uma conferência. Segundo uma nota de *O Pirralho*, Amadeu Amaral era um dos candidatos mais cotados para a próxima vaga na Academia Brasileira de Letras. Portanto, a visita de Bilac era uma retribuição à do "ilustre companheiro".

Havia quatro anos que Olavo Bilac, o poeta mais querido do Brasil, não vinha a São Paulo. Portanto, era grande a efusão do acolhimento. O poeta trazia os originais de seu último livro, *Tarde*, e seu público, emocionado, estava ansioso para ouvi-lo "declamar com sua magnífica dicção"[2].

Conta Brito Broca que os jornais davam grande destaque ao fato, e o recital no Salão Germaine "não foi só um acontecimento literário, como também mundano. No auditório salientava-se o elemento feminino".[3]

Complementa o historiador que "o destaque com que *O Pirralho* publicava as notícias sobre Bilac, os termos altamente louvaminheiros, dão-nos a impressão de que a revista, então a mais importante de São Paulo, estava muito ligada ao poeta e havia contribuído para sua visita. Além disso, Amadeu Amaral era gente da casa no *Pirralho*, e Oswald de Andrade parecia manter com Bilac as mesmas relações de amizade que tinha com Emílio de Menezes".[4]

---

[2] José Brito Broca, "Bilac e Juó Bananére", *in Correio da Manhã*, 01/05/1959.

[3] *Idem.*

[4] *Idem.*

BILAC EM S. PAULO

Consoladora esta phase de effervescencia intellectual que se tem agitado ultimamente.

Nota-se com surpreza que no Brasil já se consideram os artistas e a arte.

É assim que jornaes como *O Estado de S. Paulo*, a quem se deve aliás grande parte do nosso avanço em cultura, combinam a collaboração de Bilac.

O Correio Paulistano inicia um verdadeiro movimento litterario com artigos, chronicas e contos que firmam Gregorio da Fonseca, Oscar Lopes, Goulart de Andrade, Humberto de Campos e mais tres ou quatro dos principaes nomes da brilhante geração do Rio de Janeiro.

E assim, sob o patrocinio dos jornaes e da admiravel Sociedade de Cultura Artistica, que tem á sua frente a actividade intelligente de Nestor Pestana, Roberto Moreira e Mello Abreu, e com o enthusiasmo de

jornalistas como Luiz Silveira, Pinheiro Junior, Nuto Sant'Anna, vamos tendo em S. Paulo um renovamento de ideas que muito faz pela evolução intellectual do paiz.

Dois factos vieram, succedendo-se, completar este animador inicio de momento litterario — a visita de Amadeu Amaral ao Rio e a de Bilac a São Paulo.

Amadeu — quem não sabe? — foi consagrado pelo escriptores e artistas cariocas.

Bilac vem trazer a S. Paulo um calor novo, intenso, contagioso com a sua palavra inconfundivel.

Na Academia de Direito pronunciou um discurso que ficará na nossa historia. Nas Escolas, na intimidade dos grupos que o procuram, nas visitas que faz, Bilac, espalha e derrama consolação, fé, enthusiasmo, alegria.

As visitas como esta são miraculosas pelas resurreições que produzem.

Além de tudo, Bilac trouxe comsigo um livro novo — *Tarde*. Mas que tarde essa que vale cem manhãs de sol claro! Que tarde unica! Ha nella todo o color do mêio dia tropical, e a frescura matutina e o colorido espantoso de um occaso brazileiro.

O mestre querido não calcula decerto, apesar da seu crença, o bem que faz a sua terra com versos tão lindos e tão perfeitos.

Bendito seja Olavo Bilac pela sua visita confortante á nossa cidade!

O discurso de Bilac na Faculdade de Direito

Ser-me-ia facil, para agradecer a vossa carinhosa recepção, improvisar algumas phrases de brilho fugaz, que morressem aqui ao nascer, musica sem ideias, futil e amavel cortezia, sem fundo e sem echo. Mas quiz dar alguma vida, mais calor e duração ás minhas palavras, e escrevi-as para que ellas, confiadas agora aos vossos ouvidos e ás vossas almas, possam estender-se a ouvidos distantes e álmas afastadas, a todos os brasileiros de vossa edade, crescendo, estudando, sonhando, dentro do immenso e inquieto coração do Brasil.

O momento não quer discursos ocios e retumbantes, sonoridades entontecedoras rolando na esterilidade do vacuo. O que se exige agora é a simplicidade de ideias fortes em palavras claras, que, na sua dura tristeza, tenham, com revolta, um estimulo para a esperança, para a crença e para o heroismo. Não podeis, talvez, perceber com perfeita consciencia a gravidade da nossa situação moral. Viveis numa rica metropole, entre o sorriso e a gala da vida culta; e não podeis entrever o cháos, a confusão e os perigos que enchem toda a nossa maravilhosa e inconsistente patria. Na juventude, tudo é graça e facilidade, expontaneidade e embevecimento; uma pureza natural, que do intimo se transborda para o exterior em véus illusorios, um fascinio proprio, que se espalha sobre o ambiente e embelleza o espectaculo da vida real... Mas é força que, antes do tempo devido, alguem cruelmente vos arranque da paz e do arroubo. Vede que, na Europa, hoje, quando a guerra abre diariamente largos claros nas fileiras dos combatentes, os governos chamam ás armas as mais novas classes dos exercitos, as pha-

Na Estação da Luz

A chegada do poeta a esta capital

Os artigos da polêmica envolvendo a visita de Olavo Bilac a São Paulo em 1915.

SOCIEDADE DE CULTURA ARTISTICA

Um aspecto da assistencia na noite da festa de Olavo Bilac

langes dos adolescentes, reservas fulgentes da primavera nacional; aqui, outra desgraça, mais triste, opprime o paiz, e outra morte peor escasseia os filhos validos, — desgraça de caracter, e morte moral; e já que os varões, incapazes ou indifferentes, deixam o Brasil devastado sem guerra e caduco antes da velhice, — venham ao campo os ephebos, em que o ardor sagrado contrabalance a inexperiencia e em que o impeto da fé supppra a immaturidade dos annos!

Não vos deixeis deslumbrados do magnifico progresso desta cidade e deste Estado: São Paulo não é todo o Brasil; e a verdadeira grandeza de um paiz não é a sua riqueza. Por outro lado, não imagineis que o que me assusta não é o desconforto, a falta de dinheiro, a falta de trabalho organisado e productivo na maior parte da União, nem o onus formidavel das dividas opprimindo o nosso futuro. Ainda ha muita ventura e dignidade nas casas em que não ha pão; mas nada ha, quando não ha amor e orgulho.

O que me amedronta é a mingua de ideal que nos abate. Sem ideal, não ha nobreza de alma; sem nobreza de alma, não ha desinteresse; sem desinteresse, não ha cohesão; sem cohesão, não ha patria.

Uma onda desmoralisadora de desanimo avassala todas as almas. Não ha em cada alma a centelha criadora, que é a consciencia da força e da bondade; e de alma para alma não ha uma corrente de solidariedade, de crença commum, e de enthusiasmo, que congregue todo o povo numa mesma aspiração. Hoje, a indifferença é a lei moral; o interesse proprio é o unico incentivo. O «arrivismo», — hediondo estrangeirismo com que se exprime uma enfermidade ainda mais hedionda, — epidemia moral, que tende a transformar-se e a enraizar-se como endemia, envenena todo o organismo social e mata todos os germens da dedicação e da fé: cada um quer gozar e viver «sósinho», e crescer, prosperar, brilhar, enriquecer depressa, seja como fôr, através de todas as traições, por cima de todos os escrupulos. Assim, a communhão desfaz-se, e transforma-se em acampamento barbaro — e mercenario, governado pelo conflicto das cobiças individuaes. E os politicos profissionaes, pastores egoistas do rebanho tresmalhado, nada fazem para impedir a dispersão; e, quando não se aproveitam do regabofe generalisado, e quando não se locupletam imitando a gula commum, apenas se contentam com a passiva e ridicula vaidade do mando ficticio...

Esse é o espectaculo que nos deparam as classes cultas. As outras, as mais humildes camadas populares, mantidas na mais bruta ignorancia, mostram só inercia, apathia, superstição, absoluta privação de consciencia. Nos rudes sertões, os homens não são brasileiros, nem ao menos são verdadeiros homens: são viventes sem alma criadora e livre, como as féras, como os insectos, como as arvores. A maior extensão do territorio está povoada de analphabetos; a instrucção primaria, entregue ao poder dos governos locaes, é muitas vezes, apenas, uma das rodas da engrenagem eleitoral de campanario, um dos instrumentos da maroteira politica. Quanto á instrucção profissional, — essa, na maior parte dos Estados da União, é um mytho, uma — fabula, uma ficção. Lembrae-vos que, se a escravidão foi um crime hediondo, não foi menos estupido o crime praticado pela imprevidencia e pela imbecilidade dos legisladores, dando aos escravisados apenas a liberdade, sem lhes dar o ensino, o carinho, o amparo, a organisação do trabalho, a capacidade material e moral para o exercicio da dignidade civica...

Que se tem feito, que se está fazendo para a definitiva constituição da nossa nacionalidade? Nada.

Os immigrantes europeus mantêm aqui a sua lingua e os seus costumes. Outros idiomas e outras tradições deitam raizes, fixam-se na terra, viçam, prosperam. E a nossa lingua fenece, o nosso passado apaga-se....

Ha cinco annos, houve um rebate ancioso e febril. Na tribuna e na imprensa, vibrou um alto chamamento, um toque de alarma a todas as energias adormecidas. E uma lei apontou á nossa esperança o entreluzir de uma promessa de salvação: a lei do sorteio militar, se não a providencia completa do serviço militar obrigatorio, ao menos um ensaio salutar, o primeiro passo para a convalescença e para a cura. Então, como ainda hoje, eu considerava que era esse o unico providencial remedio para o nosso definhamento. Nunca fui, não sou, nem serei um militarista. E não tenho medo do militarismo politico. O melhor meio para combater a possivel supremacia da casta militar é justamente a militarisação de todos os civis: a ostratocracia é impossivel, quando todos os cidadãos são soldados. Que é o serviço militar generalisado? É o triumpho completo da democracia; o nivelamento das classes; a escola da ordem, da disciplina, da cohesão; o laboratorio da dignidade propria e do patriotismo. É a instrucção primaria obrigatoria; é o asseio obrigatorio, a hygiene obrigatoria, a regeneração muscular e physica obrigatoria. As cidades estão cheias de ociosos descalços, maltrapilhos, inimigos da carta «abc» e do banho, — animaes brutos que de homens têm apenas a apparencia e a maldade. Para esses rebotalhos da sociedade a caserna seria a salvação. A caserna é um filtro admiravel, em que os homens se depuram e apuram; della sahiriam conscientes, dignos, brasileiros, esses infelizes sem consciencia, sem dignidade, sem patria, que constituem a massa amorpha e triste da nossa multidão... Mas nada se fez. O mesmo homem, o mesmo marechal, que, quando ministro da Guerra, promoveu esse movimento salutar em favor da nacionalidade, — no dia em que subiu ao supremo poder, foi o primeiro a esquecer a sua criação, deixando-a morta no berço. E hoje, depois de um quatriennio de lutas estereis e de politicagem sem moral, — o problema terrivel permanece sem solução: uma terra em que muita gente morre de fome, um paiz sem nacionalidade, uma patria em que se não conhece o patriotismo....

Moços de São Paulo, estudantes do Direito, sêde tambem os estudantes é os pioneiros do Ideal brasileiro! Uni-vos a todos os moços e estudantes de todo o Brasil: num exercito admiravel, sereis os escoteiros da nossa **Fé**!

O Brasil não padece apenas da falta de dinheiro: padece e soffre da falta de crença e de esperança. O agonisante não quer morrer: quer viver, salvar-se, reverdecer, reflorecer, rebentar em nova e fecunda fructificação. Dae-lhe os vossos braços, dae-lhe as vossas almas, dae-lhe a vossa generosidade e o vosso sacrificio! Não espereis o dia em que, deixando esta casa, iniciardes a vossa effectiva existencia civica, para o trabalho publico, para a agitação social, para a politica. Trabalhae, vibrae, protestae, desde já! Protestae, com o disinteresse, com a convicção, com a renuncia, com a poesia, — contra a mesquinharia, contra o egoismo, contra o «arrivismo», contra a baixeza da indifferença!

Desta velha casa, de entre estes sagrados muros que esplendem de tradições venerandas, deste quasi secular viveiro de tribunos e de poetas, — daqui sahiram, em rajadas de heroismo, em impetos de enthusiasmo, as duas campanhas gloriosas que foram coroadas pela victoria da Abolição e da Republica. Estruja de novo a casa! estremeçam de novo os muros! e de novo palpite e resôe o aviario canóro, cheio de hymnos de combate e de gorgeios de bondade! Inaugurae, moços, de São Paulo, a nova campanha!

Perto de vós, entre vós, o começo da minha velhice, tocado da graça milagrosa da vossa mocidade, tem gomos verdes, feticeiros rebentos de resurreição.

Escuta e acolhe a revolta e a esperança do meu outomno, ó primavera da minha terra! Em marcha victoriosa, ó meus irmãos, — para o Ideal!

A festa de Bilac

Bilac está em S. Paulo. E S. Paulo se accende de festas, de enthusiasmos, de apotheoses.

Bilac veiu ler o seu livro novo. As duas revelações que fez d'elle foram duas noites immortaes.

Nunca a sua poesia attingiu culminancia tamanha e nunca a arte brasileira teve tanto valor de pensamento e de expressão.

A phase actual de Bilac é uma gloriosa phase que faria a reputação de qualquer litteratura.

Salve, cantor estupendo!

⁂

Carmen Lydia, uma menina ainda, é já a dansarina graciosa e intelligente que executou na festa de Bilac, a *Visão de Salomé* de Joyce.

Interessante sobretudo pela audacia creadora que revela. Carmen será com certeza uma grande artista.

A sua aprendisagem começou cedo. Aos sete annos, depois de uma primeira viagem a Paris, ella estava matriculada na Scala de Milão. Ahi passou annos de estudo.

Obrigada pela guerra a voltar á sua patria, Carmen matriculou-se na Escola Dramatica do Rio de Janeiro,

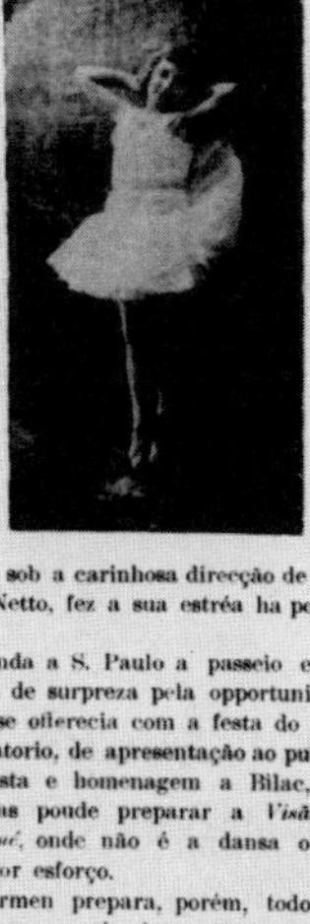

onde sob a carinhosa direcção de Coelho Netto, fez a sua estréa ha poucos dias.

Vinda a S. Paulo a passeio e colhida de surpreza pela opportunidade que se offerecia com a festa do Conservatorio, de apresentação ao publico paulista e homenagem a Bilac, ella apenas poude preparar a *Visão de Salomé*, onde não é a dansa o seu melhor esforço.

Carmen prepara, porém, todo um programma classico com que dará dois espectaculos, um no Rio, outro aqui.

Vel-a-emos então dançar *A morte do Cysne* de Saint Saëns e a *Sylvia* de Delibes, que ultimamente dançou aqui a celebre Felyne Verbist.

⁂

M.lle Maria da Gloria Capote Valente, a fina *diseuse* paulista, emprestou tambem o valor de sua graça linda á festa de Bilac.

⁂

Liddy Chiaffarelli Cantù e Antonietta Rudge Miller, dois nomes consagrados, completaram admiravelmente o quadro feminino que realçou a festa do Conservatorio.

⁂

Houve tambem poetas que recitaram — Martins Fontes, Roberto Moreira e Ricardo Gonçalves. São tres figuras de fino destaque no nosso meio intellectual. E com que suprema arte, souberam sentir a poesia de Bilac!

⁂

O mestre encerrou o lindo sarau. Quando surgiu á scena, foi delirio o que se apossou da vasta sala.

Bilac, acclamadissimo recitou então as maravilhas de sua composição.

Que sensação brutal de arte divina quando elle disse *Beethoven surdo!*

Foram, sem duvida, instantes immortaes esses da noite do Conservatorio.

---

* * *

Um curioso, muito bisbilhoteiro, queria que abrissemos um concurso para que apurassemos qual o album em que se encontra, em S. Paulo, o burilado soneto de José Severiano de Rezende, que hoje publicamos.

M.me ao saber disso...

Calemos.

* * *

M.lle outro dia, irritou-se seriamente com o seu eleito e sem razão.

Porque tanto ciume?

Que mal faz Mr. cumprimentando familiarmente uma sua antiga amada?...

Acalme-se. Não ha perigo.

* * *

M.lle foi ao Municipal assistir tambem ao festival da Cultura Artistica.

Na sahida, deixou cahir bem aos pés de um conhecido Mr. a sua luva de pellica que foi por elle erguida num gesto muito cavalheiresco e gentil. Em troca, recebeu um doce, um adoravel sorriso.

Seria o desafio para o Amôr?...

Por todas essas razões, dá para imaginar a surpresa com que a editoria do jornal recebeu a hilária crônica de Bananére, intitulada "A Vesta du Bilacco", uma paródia ao artigo "A Festa de Bilac", da própria revista.

Bananére ironizava não só o acontecimento, mas também o ufanismo apoteótico com que Bilac e sua poesia retrógrada eram saudados.

O artigo do *Pirralho* afirmava que "a fase atual de Bilac é uma gloriosa fase, que faria a reputação de qualquer literatura", e exultava: "Salve, cantor estupendo!". Terminava contando que "o mestre encerrou o lindo sarau. Quando surgiu à cena, foi delírio o que se apossou da vasta sala [...]. Que sensação brutal de arte divina, quando ele disse 'Beethoven Surdo'". Falava ainda sobre Carmen Lydia, "a dançarina graciosa e inteligente que executou na festa de Bilac a 'Visão de Salomé'".

O artigo não está assinado, mas pela animação e extensão com que fala da bailarina do espetáculo, só pode ter sido escrito pelo próprio Oswald de Andrade.

Sabe-se hoje que Carmen Lydia foi a dançarina de 16 anos por quem Oswald de Andrade se apaixonou; o pivô de sua briga com o pai e do rompimento do escritor com a então companheira e mãe de seu primeiro filho, a francesa Henriette Boufflers, apelidada Kamiá.

Em sua crônica, ironizando os exageros do jornal, Bananére aclamava "o príncipe dus poete brasiliéro" como o "Dante anazionalo", o que, no seu vocabulário de palavras-montagem, era uma aglutinação de "anasalado", referência à dicção empostada de Bilac, e "nacional". Isto é: "o poeta anasalado da nação", ou ainda uma referência ao próprio "nacionalismo anasalado", torto, do país, que erigia como seu "Dante" um poeta da categoria de Bilac. Vinha, em seguida, a paródia de "Ouvir Estrelas", uma das melhores recriações de Bananére, reproduzida aqui, junto com o poema de Bilac:

Via Láctea XIII

Ora (direis), ouvir estrelas! Certo
Perdeste o senso! E eu vos direi, no entanto,
Que, para ouvi-las, muitas vezes desperto
E abro as janelas, pálido de espanto...

E conversamos toda a noite, enquanto
A via-láctea, como um pálio aberto,
Cintila. E, ao vir do sol, saudoso e em pranto,
Inda as procuro pelo céu deserto.

Direis agora: "Tresloucado amigo!
Que conversas com elas? Que sentido
Tem o que dizem, quando estão contigo?".

E eu vos direi: "Amai para entendê-las!
Pois só quem ama pode ter ouvido
Capaz de ouvir e de entender estrelas".

Uvi Strella

Che scuitá strella, né meia strella!
Vucê stá maluco! e io ti diró intanto,
Chi p'ra iscuitalas moltas veiz livanto,
I vô dá una spiada na gianella.

I passo as notte acunversáno c'oella,
Inguanto chi as otra lá d'un canto
Stó mi spiano. I o sol come un briglianto
Nasce. Óglio p'u çeu: — Cadê strella?!

Direis intó: — Ó migno inlustre amigo!
O chi é chi as strellas ti dizia
Quano illas viéro acunversá contigo?

E io ti diró: — Studi p'ra intendela,
Pois só chi giá studô Astrolomia,
É capaiz di intendê istas strella.

AS CARTAS D'ABAX'O O PIQUES

A venida Colombo — O Indiscobrimento da Ameriga
A vesta du Bilacco — Uvi Strella

A pócos die una purçó di moradore da rua di Zan Juó, fizéro una ripresentaçó inzina da Gamara Municipale, pidino p'ra Gamara amudá o nomino da rifirita rua do Zan Juó, p'ra rua do Gristoffaro Golombo. Gustê du gestimo! si signore!... Ninguê é maise indigno d'sta menage, come o Gristoffaro Golombo, o maiore indiscobridore do l'Universimo. Altrodi io stava dizéno istu mesimo p'ru Raule e intó illo mi dissi che io stava inganato che o migliore discobridore do mundo fui a Laitte che indiscobri o bondi inletrico. Che speranza! o bondi inletrico é una porcheriigna disto tamanigno, inveiz chi a Ameriga é molto maiore da Iutalia!

Alé disso tuttos munno sabi chi os migliore indiscobridore du Niverso só intaliano: — o Bartolamê di Gusmo, che inventô o baló — napuletano — o Pellegrini, inventore da graxa marella p'ra buttignas — galabreze —; o Polletti Caloi, inventore das bicigletta — siciliano —; o Margoni, inventore dus tiligrammo senza fili — genovese —; o Piedadó, inventore da briosa — naturale du Bó Ritiro — e multos ôtro.

O Pietro Caporale, per insempio, digano chi furo elli chi indiscobri o Brasile... Indiscobri nada! Chi indiscobri o Brasile fui tambê o Grestoffaro Golombo, pur causa che illo indiscobri a Ameriga, ma o Brasile stá inzima da Ameriga, intó tambê stava indiscobrido! é a mesima cósa che se io iva indo p'ra rua i di repentimo axava una gartêra xiigna di dignêro; io pigava ella i tirava una nota di 30 millareis i largavo u resto; aóra vigna un ôtro funzionario, via a gartêra i tirava una nota di 15 millareiz: — chi fui che indisgobri o arame, fui io o elli?

— Illo pigô una nota, ma chi axô fui io! Gia si dexa vê intó chi fui o Gristoffaro Golombo chi indiscobri a America, o Brasile, o Bó Ritiro, a rua das Parmêra, pur gausa chi tuttas istas robba stá dentro da Ameriga. I disposa di quattros segolo che Golombo indisgobri a Ameriga, chi menage prestáro p'relli os merigano?... né un boteghino co nomino di Golombo, non tê qui in Zan Baolo! tê boteghino Rio Brango, tê boteghino du Xico, i boteghino Golombo non tê... Tê rua du Ri Barboza, tê rua Garibaldi, tê rua du Vitale, i rua Golombo non tê! Chi vergogna!

Migna pinió é chi a Gamera Municipale devi attendê o pedido dos moradore da rua Zan Juó, brevemente (2 o 3 segulos) venida Zan Juó, butando nella o nomino di **Venida Golombo.** Zan Juó non indiscobri a Ameriga i Golombo indisgobri. Zan Juó era inviato di Deuse, ma Gristoffaro Golombo tambê, pur causa che fui Deuse chi xamô elli i dissi:

Golombo, vegna cá!
Vai na migna interna ufficina
I tira a Ameriga di lá.

A VESTA DU BILACCO

Quartaffera tive a nunciada vesta du Bilacco, o principe dus poete brasiliéro, o Dante anazionalo. Uh! mamma mia, che successo! O saló stavo xiigno piore du garnevalo na rua 15. Os lustre di gaiz stavo xiigno di genti pindurada Gada lustro apparicia un gáxo di banana di genti.

Bilacco dissi moltos sunetto gotuba. Impubricamos imbaxo uno insemplare.

UVI STRELLA

Che scuitá strella né meia strella!
Vucê stá maluco! e io ti diró intanto,
Chi p'ra scuitalas moltas veiz livanto,
I vô dá una spiada na gianella.

I passo as notte acunversdno c'oella,
Inquanto chi as otra lá d'un ganto
Stó mi spidno. I o sol come un brigliante
Naçe. Óglio p'ru çeu: — Cadê strella!?

Direis intó: — O' migno inlustro amigo!
O chi é chi as strella ti dizia
Quano illas viéro acunversá contigo?

E io ti diró: — Studi p'ra intendel-a,
Pois só chi giá studô Astrolomia,
E' capaiz di intendê istas strella.

Juó Bananére

"A vesta du Bilacco": nesse artigo Juó Bananére desafiava o "coro dos contentes".

Bananére, com surpreendente precocidade, já percebia o truque teatral nas solenes poesias de Bilac. Como diz Otto Maria Carpeaux, "seu insubornável senso crítico resistiu à retórica do parnasianismo [...]. A paródia é uma forma de crítica literária, revelando as fraquezas da obra parodiada. Só precisa ouvir as expressões nobres de Bilac — 'Ora (direis), ouvir estrelas! Certo!.../ perdeste o senso!' —, para sentir a falsidade dessa nobreza e traduzir para seu idioma de plebeus: 'Che scuitá strella, né meia strella!/ Vucê stá maluco!'".[5]

Sempre coube ao escritor macarrônico "a missão de vaiar, ridicularizar" (Alcântara Machado). Mas, com o passar do tempo, as alegres crônicas de Juó Bananére, no início "simples caricaturas do italiano médio"[6], foram se tornando cada vez mais polêmicas e corrosivas. Como diz Mario Carelli, "o caráter político de seus escritos satíricos inquieta menos os italianos do que os nacionalistas".[7]

Se a guerrilha semântica e sintática de Bananére, em seus textos macarrônicos, não chocava os meios literários, por serem vistas apenas como uma extravagância cômica do jornalista, o mesmo não se deu com seu forte conteúdo crítico-político.

A verdade é que a audácia do escritor macarrônico aumentava a cada dia. Chegou um momento em que o próprio *Pirralho* não pôde suportar suas investidas. As posições iconoclastas de Bananére se tornaram mais avançadas do que permitia a linha editorial da revista.

Existiam, no início do século XX, quatro personalidades brasileiras sobre as quais pouca gente, mesmo os humoristas, se arriscaria, em sã consciência, a fazer críti-

---

[5] Otto Maria Carpeaux, "A Divina Increnca", *in Manchete*, 21/4/1975.

[6] Alcântara Machado, *op. cit.*

[7] Mario Carelli, *op. cit.*

cas ou piadas, por desfrutarem de um sólido respeito popular: Olavo Bilac, Rui Barbosa, Santos Dumont e o falecido Duque de Caxias.

Dos quatro mitos, "monstros sagrados" nacionais, apenas Santos Dumont foi preservado por Bananére. Não se encontra em sua obra nenhuma referência jocosa ao inventor. Nas alusões a Santos Dumont e ao seu invento, Bananére deixou sempre explícita a sua profunda admiração.

Sobre Rui Barbosa, talvez por respeito às posições políticas do orador, Bananére jamais parodiou seus discursos. Chamava-o sarcasticamente de "Ri Barboza", numa crítica explícita à solenidade e ao ar grave do orador baiano. Mas isso não era suficiente para criar situações conflituosas.

Quanto ao Duque de Caxias, Bananére não faz referências, mas é fácil supor que seu antimilitarismo entrava em choque com uma personalidade como esta. De qualquer maneira, Bananére não precisava atacar um *herói ornamental* morto para atingir a classe militar, pois ele tinha alvo melhor: o marechal Hermes da Fonseca.

Olavo Bilac, no entanto, Juó Bananére não perdoava. O "príncipe dos poetas parnasianos" despertava certo deslumbramento cínico no satirista, e, graças a esse fascínio, Bananére criaria obras-primas do chiste.

Opondo-se a Hermes da Fonseca, ainda que sua crítica fosse implacável, Juó Bananére manifestou a opinião da maioria dos paulistas. Desde o pleito eleitoral de 1910, em que o candidato de São Paulo era Rui Barbosa, eram raros os paulistas que queriam os militares no poder. Agora, ter a ousadia de criticar Olavo Bilac era uma blasfêmia contra os próprios valores nacionais.

Bilac, que seria o alvo preferido dos modernistas de 22, nos anos 1910 ainda era unanimidade nacional. Mesmo entre os intelectuais mais abertos, sua poesia era muito respeitada. Daí o avanço estético do escritor macarrônico, que, em 1915, já detectava nos sonetos do parnasiano todas as limitações da poética brasileira.

AS CARTAS D'ABAX'O O PIQUES

O DUDÚ

(C'oa gabogla do kassangá)

Faize quattro anno inzatamente migna genti
Che subi p'ra prisidenti
A xirosa griatura.
Tuttos munno ariclamáro i prutestáro
Ma nu fin tuttos cançáro
I subi u *garadura*.

I o garadura subi
I di lá non quiz sai.

O Ri Barboza chi non é di bringadêra
I che non-pega na xcalêra
Nê si vende pur dignêro
Fiz un discorso la inzima du Gazino
I xamô elli di gretino
I di gaxorro du Pignêro.

Ma o Hermeze non ligô
I lá chetigno ficô.

Vignô disposa as inleçó qui di Zan Baolo
I o nimal du mareseiallo
Quiz fazê a terveuçó
Ma o Oxinton chi non tê medo di garetta
Quano vì a cosa pretta
Mandô cumprá uns gagnó.

I o Hermeze arripiô
I non fiz maise a tervençô.

Mas o Pignêre c'umas parti di valente
Vignô qui direttamente
P'ra tuma satisfaçó!
Ma os Baolista chi é un pissoalo di valôre
Pregôli un contravapóre
Che illo fui pará nu chó.

Uh! che bonito tombigno
Goitado du Pentifigno.

CONFERENCIAS DE CORNELIO PIRES

Faz parte do nosso programma de reforma promover festas literarias, conferencias e tomar outras iniciativas de interesse intellectual e social.

As primeiras conferencias promovidas pelo *Pirralho* serão realizadas pelo conhecidissimo poeta caipira Cornelio Pires, que fará uma serie de tres palestras sobre os nossos caboclos.

Dispondo de grande conhecimento sobre o assumpto de que tratará, e alliando á sua beila intelligencia uma *vêrve* finissima e a faculdade de pin-

tar com extraordinario relevo e com scintillante colorido a vida, os costumes, as anectodas e tudo quanto se relacione com os nossos caipiras, já se pode prever para o nosso Cornelio um retumbante triumpho, um magnifico successo.

A primeira conferencia de Cornelio Pires realisar-se-á na proxima quartateira no Pavilhão dos Campos Elyseos.

Todos quantos apreciam uma palestra intelligente e fina, recheada de graça esfusiante, de observações atiladas e chistosas, de scenas engraçadissimas e completamente ineditas para S. Paulo, não devem perder a optima occasião, que o *Pirralho* offerece por intermedio de Cornelio Pires.

Poema-satírico para o "Dudu", apelido que Bananére dava ao general Hermes da Fonseca.

No final de outubro do mesmo ano, Bilac retornava a São Paulo. Agora, com a missão solene de "apóstolo" da campanha cívica nacional.

Explica Otto Maria Carpeaux que, "para que Bilac, em 1915, viesse dar início à sua campanha cívica teriam concorrido dois motivos: o grande surto de progresso que então se acentuava, não somente ali, mas em todo o Estado, e o desenvolvimento intelectual que corria paralelo com esse progresso. São Paulo tornara-se o melhor lugar, de onde alguém, erguendo a voz, poderia ser ouvido em todo o Brasil. Influía ainda nesse sentido o prestígio político do Estado, sob o governo do Conselheiro Rodrigues Alves, dentro de dois anos reeleito presidente da República. E estavam bem vivas as ressonâncias da Campanha Civilista, de que São Paulo fora um dos redutos mais poderosos".[8]

Chegando a São Paulo, Bilac visitou a Faculdade de Direito e ali pronunciou o discurso inicial da campanha cívica. Como diz Brito Broca, "foi uma data na vida do país. A oração repercutiu profundamente de Norte a Sul e o poeta se viu consagrado o apóstolo de um Brasil novo, o Brasil que ele anunciava, conclamando os moços: 'Para o ideal!'. A palavra nacionalismo iria ter daí em diante um largo curso. Em São Paulo fundava-se, dias depois, o Centro Nacionalista para congregar os jovens na cruzada regeneradora, e no Rio de Janeiro não tardaria a surgir a Liga Nacional".[9]

Participando da efervescência cívica, *O Pirralho* publicou em sua capa uma expressiva ilustração de Voltolino: Bilac, com a armadura de cavaleiro andante, partindo para a jornada da salvação nacional. Em baixo da ilustração ainda vinham os dizeres: "O Chefe da Cruzada". Dentro da revista, num longo artigo, o próprio Dolor de Brito, um dos diretores, exaltava o apelo do poeta. Mas, no meio de

---

[8] Otto Maria Carpeaux, *op. cit.*

[9] José Brito Broca, *op. cit.*

O "chefe da cruzada" Olavo Bilac em capa de Voltolino, do número do jornal com os artigos polêmicos de Bananére.

todo esse entusiasmo patriótico, lá vinha Juó Bananére com uma paródia implacável sobre o acontecimento, que seria a gota d'água para seu rompimento com a revista.

No artigo intitulado "O Nazionalizimo", com subtítulo "A Migna Visita na Cademia di Cumerço du Braiz. O Discursimo. O Intusiasmi du Pissualo", Bananére afirmava ironicamente que "não é só o Bilacco che é uomo de lettera — io també! Io també scrivo livro di poisies chi o Xiquigno vai inditá i chi vudio vô vê si non é migliore dus livro du Bilacco! Intó, pur causa che io só un uómo di lettera gotuba, os studanti da Gademia di Cumerço du Braiz mi furo acunvidá ista settimana p'a i avisitá a rifirita Gademia. Intó, io chi so un gamarada molto amabile, acceitê o cunvito i anti fui lá".

Sua genial crônica simultaneísta está repleta de trocadilhos cáusticos. Por exemplo: "anti fui lá" por "ontem fui lá", deixando claro, nas entrelinhas, o sentimento "anticonvite", ou ainda "ir", mas com um sentimento de anti/contra. Outro exemplo: "Fui aricibido per o gorpo indecente da Gademia" em vez de "corpo docente da Academia", numa referência clara à Academia de Direito do Largo de São Francisco — que havia sido visitada por Bilac —, que no seu discurso o escritor rebaixa à categoria de "Cademia di Cumerço du Braiz", e também, por ambigüidade, aos próprios membros da Academia Brasileira de Letras, presentes no evento. Outro exemplo: "dois bon di speciali", em vez de "dois bondes especiais", ou "dois bons especialistas", zombando dos "especialistas" que recepcionavam Bilac, que segundo o linguajar de Bananére não passavam de "dois bondes". Outro exemplo: "Io ê di recorda com molta ingratidó distu die di oggi" em oposição a "eu hei de recordar com muita gratidão".

Bananére faz alusões verídicas ao trajeto de Bilac até a Faculdade, ao povaréu deslumbrado que festeja o poeta e ao deslumbramento afetado do parnasiano diante da aclamação:

O PIRRALHO

AS CARTAS D'ABAX'O O PIQUES

O NAZIONALIZIMO

A migna visita na Cademia di Cumerço du Braiz. O discursimo. — O intusiasmi du pissoalo.

Non é só o Bilacco che é uomo de lettera — io tambê! Io tambê scrivo verso, io també scrivo livro di poisies chi o Xiquigno vai inditá i chi vudio vô vê si non é migliore dus livro du Bilacco!

Intó, pur causa che io só un uómo di lettera gotuba, oa studanti da Gademia di Cumerço du Braiz mi furo acunvidá ista settimana p'a i avisitá a rifirita Gademia.

Intó io chi só un gamarada molto amabile, acceitê o cunvito i anti fui lá.

Uh! che festa gotuba che fizéro p'ra mim! Nu larghe da Sé tenia dois bon di speciali p'ra livá io cos stndenti. Intó, fumos tuttos giunto, afazino una brutta sgugliambaço nu gamigno: quano apassemos na scuola Normale tuttas moça mi ajugava bezigno p'ra mim. Uh! che gustoso!

Quam xiguê lá na Gademia tenia un brutto povaré mi aspettáno, c'un banda di musiga, rojó di assubio, ecc.

Fui aricibido per o gorpo indecente da Gademia che mi livaro nu Saló nobile.

Aora o direttore pigô a palavria i mi butô un bunito discursimo inzima di mim, mi xamáno di una purçó di cósa gotuba: inlustro barbiére, nutabile poete, giurnaliste di talentimo i pulitico fruente, ecc., ecc.

Disposa aparló tambê un studenti, i disposa aparlê io. Io pigue i dissi:

— Signori!

Io stó intirigno impegnorato con ista magninifica rôcepiçó chi vuceio acaba di afazê inzima di mim. É moltos onra p'run pobri marqueiz! (Tuttos munno grita: nó apuiado! nó apuiado?)

Io ê di si ricordá internamente, i con molta ingratidó distu die di oggi! I aóra mi permittano che io parli un pocco da golonia intaliana in Zan Baolo, istu pidaço du goraçó da Intalia, atirado porca sorte inzima distas pragana merigana. É una golonia ingollossale! maise di mezzo millió de intaliano stó ajugado aqui, du Braiz ô Bó Ritiro, i du Billezigno ô Bixigue! I chi faiz istu mundo di intaliano chi non toma gonta du Cumerçu, das Fabbrica, da pulittica, du guvernimo, i non botta u Duche dus Abruzzo come prisidenti du Stá nu lugáro du Rodrigo Alveros?

Sabi o que faiz? Vendi banana, fragorda, ova frisca, sorbeta de grema i vigno infarsifigato! Faiz o infabricanti di nota farsa inveiz di afazê o fabricanti di argodó p'ra baratiá o produttimo! Faiz o ladró di galligna inveiz de griá vacca p'ra vende garne di vacca p'ra Ingraterra. Anda gatáno paper sugio i tocco di sigarro na rua inveiz di catá óro nu sertó como un bandeiranti! I quali é a cunsequenza diste relaxamento? É chi os intaliano aqui non manda nada, quano puteva inveiz aguverná ista porcheria!

Quale é a consequenza da bidicaçó da nostra forza i du nostro nazionalisimo?

É chi nasce una grianza, a máia é intaliana, o páio é intaliano e illo nasce é un gara di braziliano!

Istu non podi ingontinuá, no! A voiz chi sono giovani i forte cumpette afazé a reaçó, cumbatté, vencê i dinominá istu tudo!

Tegno ditto. »

Rompi una brutta sarva di parma. Mi begiáro, mi giugáro flore i mi liváro acarregado atê o bondi inlectrico.

JUÓ BANANÉRE

A nossa enquête literaria

O poeta Humberto de Campos que responde no numero de hoje aos quesitos da nossa enquête.

USEM O PETROLEO ORIENTAL

BIZETRIO

Bananére também visitava academias em sua "campanha pelo nazionalizimo": a "Cademia di Cumerço du Braiz".

> Uh! Che festa gotuba che fizéro p'ra mim! Nu larghe da Sé tenia dois bon di speciali p'ra livá io cos stundenti. Intó, fumos tuttos giunto, afazino una brutta sgugliambaço nu gamigno; quano apassemos na scuola Normale tuttas moça mi ajugava bezigno p'ra mim. Uh! Che gustoso!

Bananére continuava:

> Quam xiguê lá na Gademia tenia un brutto povaré mi aspettáno, c'ún banda di musiga, rojó di assubio, ecc. Fui aricibido per o gorpo indecente da Gademia che mi livaro nu Saló nobile. Aora o direttore pigô a palavria i mi butô un bunito discursimo inzima di mim, me xamano di una purçó di cósa gotuba: inlustro barbiére, nutabile poete, giurnaliste di talentimo i pulitico fruente, ecc., ecc. Disposa aparlô tambê un studenti, i disposa aparlê io.

No seu próprio discurso, Bananére lembrava à enorme colônia italiana de São Paulo que, se quisesse, poderia botar o duque dos Abruzzos no lugar de Rodrigues Alves. Mas, em vez disso, o que faziam os italianos?

Ele mesmo diz:

> Vendi banananana, fragorda, ova frita, sorbeta de grema i vigno infarsifigato! Faiz o infabricanti di nota farsa invéiz di afazé o fabricanti di argodó p'ra baratiá o produttimo! Faiz o ladró di galligna invéiz di catá oro nu sertó como un bandeiranti!

E Bananére interpela-os de maneira semelhante à que Bilac interpelava os brasileiros, no discurso da Faculdade de Direito:

> I quali é a consequenza da bidicaçó da nostra forza i du nostro nazionalisimo? É chi nasce una grianza, a máia é intaliana, o páio é intaliano e illo nasce é un gara di braziliano! Istu non podi ingontinuá, nó! A voiz chi sono giovani i forte cumpette afazé a reacçó, vencê i dinominá istu tudo!

Antiufanista radical, mesmo defendendo a Campanha Civilista, Juó Bananére não aceitava os rompantes patrioteiros de seus colegas de luta que, em nome de um grande ideal cívico, colocavam-se ao lado de Olavo Bilac.

Como diz Otto Maria Carpeaux, a poesia parnasiana "era a expressão literária dos donos das fazendas e das cidades [...] Desmoralizá-la era colocar-se em choque com a 'velha oligarquia dos cartolas do Partido Republicano Paulista'".[10]

Bananére não era a favor dos militares no poder, mas também não achava que o PRP, representado por Rodrigues Alves e todos os velhos coronéis da política do "café-com-leite", pudesse ser a solução para os problemas do país. Juó Bananére foi um combatente do patriotismo ornamental e do poder conservador das velhas oligarquias, que tinham em Bilac seu representante máximo. Através de sua blague dessacralizadora, estava, na verdade, pedindo uma reflexão sobre o espírito nacionalista que se formava.

O escritor via com lucidez que um regime feito por oligarquias jamais atenderia as camadas menos privilegiadas do país. Percebeu, ainda, com muita precocidade, nos rompantes ufanistas desse nacionalismo cívico que conclamava as massas à prestação do serviço militar, os germes de um perigoso "nazionalisimo" fascista, que mais tarde desembocaria no integralismo e no governo ditatorial de Getúlio Vargas.

---

[10] Otto Maria Carpeaux, *op. cit.*

Ao lembrar, ainda, aos italianos que "anda gatáno paper sugio i tocco disigarro na rua invéiz di catá ôro nu sertó", e também que "nasce una grianza, a máia é intaliana, o páio é intaliano e illo nasce é un gara di braziliano!", o escritor tangenciou uma das questões mais complicadas do período, que era a da assimilação das colônias estrangeiras no Brasil. Bananére percebia que a manutenção dessa enorme massa de colonos na marginalidade era um fator de subdesenvolvimento brasileiro.

Ao falar sobre a situação dos imigrantes, o escritor pedia cidadania para essa gente, e seu aproveitamento para o progresso do próprio país: "faiz o infabricante di nota farsa invéis de afazé o *fabricanti di argodó p'ra baratiá o produttimo*". Lembrava, ainda, que essa gente numerosa das colônias já era brasileira — pois mesmo sendo filhos de estrangeiros, nascidos aqui, "é un gara di braziliano!" — e, no entanto, formavam a camada mais pobre da nação. No final do discurso, Bananére exortava os jovens a reagir contra isso.

Mas, nesse momento, Bananére ainda era uma voz solitária a se erguer contra esse estado de coisas. Seu discurso blasfemo, que provocou o riso de multidões — pois na época sua coluna era uma das mais lidas do jornal —, deu a entender aos nacionalistas que o anarquista Bananére era um antipatriota.

Nesse segundo episódio desastroso, como diz Brito Broca, mesmo que "as intenções de Bananére não fossem ferinas nem antipatriotas e não pretendesse ele ridicularizar Bilac, o riso despertado por essa paródia tão espirituosa, não podia deixar de comprometer a solenidade do apelo cívico do poeta".[11]

Curiosamente, nas referências de Oswald de Andrade, em seu livro de memórias, à Campanha Civilista e ao próprio *O Pirralho*, ele nunca fez menção a esse fato tão relevante.

---

[11] José Brito Broca, *op. cit.*

Oswald de Andrade sempre enalteceu a participação de Bananére na Campanha Civilista, além de considerá-lo, enquanto escritor, um "mestre da sátira nacional". Mas percebe-se que a atitude do antropófago modernista em relação ao escritor macarrônico nem sempre foi coerente, deixando transparecer que houve problemas nessa relação.

Como lembra Mario Carelli, "nas memórias, ele [Oswald] fala de 'um jovem tímido e quase bobo que teve um sucesso enorme'. Depois, em 1945, para valorizar seu papel na Campanha Civilista, ele apresenta Bananére sob um ângulo completamente novo: 'Nós estávamos na vanguarda dessa luta durante a qual o mestre da sátira brasileira tomou partido'. Esses juízos contraditórios são significativos. Desde 1915, Juó Bananére ataca o acadêmico Olavo Bilac, com quem aquele que ia se tornar o *enfant terrible* do Modernismo se entende muito bem. Aquele jovem quase bobo viu, portanto, antes dele".[12]

Livros, Teatro, Disco

Ao sair de O *Pirralho*, em novembro de 1915, Juó Bananére já havia publicado *La divina increnca*. Nessa época, ao lado de Voltolino e de outros escritores do período, lançou-se na realização de uma série de publicações independentes, nas quais a escritura servia apenas para fazer panfletos políticos contra alguém ou determinada situação política.

Foi com esse espírito, por exemplo, que ele participou da criação da revista de pequena tiragem O *Queixoso* — como já se sabe, uma publicação feita para combater o político Altino Arantes. E foi essa mesma animosidade combativa e anarquista que, em 1917, levou o escritor a publicar, junto com Antônio Paes, *Galabáro*, um opúsculo que Bananére definiu como "Livro di saniamento suciali".

A capa de *Galabáro* foi feita por Voltolino, e a pági-

[12] Mario Carelli, *op. cit.*

na de rosto traz uma epígrafe em latim, de autoria do rei Salomão, parodiada com muita graça por Bananére: "Goro gurtido i mogliato ne Deus espixa", no lugar de "Cor contrictus et humiliatus nee Deus especiat".

Galabáro foi escrito com o objetivo único de atacar o padre Valois de Castro. Um deputado da época, que Bananére chama de "Galabáro di saia preta", referindo-se a Calabar, personagem que na invasão holandesa de Pernambuco se tomou célebre porque traiu os portugueses. A comparação surgiu porque Valois de Castro ousara manifestar publicamente sua simpatia por Rodolpho Troppmayer, do *Diário Alemão*, autor de um artigo pró-Alemanha, na época do torpedeamento de navios brasileiros por submarinos alemães.

Com intenção além da literária, *Galabáro* não chega a ser um livro, mas uma espécie de panfleto em versos, a partir dos quais seis peças podem ser cantadas, com melodias de canções da época. Na quarta estrofe, por exemplo, "O Valuá Murreu", ele especifica: "Ganzoneta co'a musica du 'Meu Boi Morreu'". Além disso, Bananére inventa quadrinhas carnavalescas: "Disgamba, Valuá, disgamba/ chi a gorda stá molto bamba.../ disgamba, padrigapeta/ chi as cosa stá mesmo pretta!".

Nessa época, além desses panfletos literários, Bananére também passou a escrever para teatro. O interesse do escritor pelo mundo dos espetáculos parece ser antigo.

Ainda em 1913, Bananére publicou em *O Pirralho* um estranho texto metalingüístico, intercalado por desenhos de Voltolino, com o título de "A Guerra Ítalo-turca: Comédia em Um Acto". No cabeçalho do texto, Voltolino desenhou um palco com três cenas, e no meio do texto, entre as doze cenas que compõem a comédia, o desenhista intercalou desenhos dessas cenas.

Essa peça de Bananére se assemelha mais a uma paródia escritural de textos teatrais, ou ainda a um *happening* futurista, do que de fato a uma peça normal. A peça de Bananére tem apenas um ato, composto de doze cenas, sen-

A GUERRA ITALO-TURCA

COMEDIA EM UM ACTO

Original de

JUÒ BANANERE

PERSONAGENS

CARMELLO — Engraixate

VINCENZO — Barbeiro

XICO — Botequineiro

SMART — Vagabundo

FREGUEZA — Menina « Chic »

O EMPREGADO DO CONSULADO

UM VENDEDOR DE JORNAES

DOIS SOLDADOS

SCENARIO

A scena representa un salão de barbeiro cafageste da rua de São João. Porta ao fundo, vendo-se a rua. No lado direito uma cadeira de engraixate com uma caixa, escovas, latas de pomada, pannos para lustrar etc. etc. Na parede, junto á cadeira, algumas revistas e jornaes dependurados. No lado esquerdo, uma cadeira de barbeiro e uma mesa con navalhas, pentes, tesousas, vidros de loção, brocha sabão etc. Um grande espelho sobre a mesa. Um pouco afastado, uma mesinha com umas revistas e algumas cadeiras.

SCENA I

Carmello e Vincenzo

Carmello — Eh! Vincenzo!? Giá lê o « Vanfulla » oggi?

Vincenzo — Nunca li o « Vanfulla » oggi non signori, sô Carmello!

Carmello — Se io non era un artiste!... (aponta a cadeira e as escovas). Per bacco! Iva oggi mesimo p'ra Tripoli afazê o surdado!

Uh! che brutta invegia c e io tegno d'aquillo pissoalo che stá sigurano co peito as balla dos nimigo da Patria!... (Pausa) Sí! perché a Patria é a segonda máia da a genti. (Explicando) Sin signori! a segonda!... A primeira fui aquilla che si gazó co páio da a genti!

Vincenzo — Eh! sò Carmello! Vucê tê a paura té do rivorvero di bringadèra!... Larga di fazê fita. Vá!

Carmello — Chi tê paúra né nada!

Vincenzo — Tê si signore!

Carmello — Aposto!

Vincenzo — (Puxando um revolver e apontando para Carmello) Intó vamos a vê!...

Carmello — (Fugindo) Non bringa, Vincenzo! Vira ista robba p'ra lá chi o cuzarunhes attenta!...

Vincenzo — Io non dissi!?

Carmello — (Indignado) Ma non fui da gombinaçó puxà o rivorvero!

Vincenzo — S'imagine aóra in Tripoli, che invece di un rivorvero tenia maise di ventismilla garabina.... Vucê agastava tuttas gambia di tanto currê.

Carmello — Uh! mı in Tripoli tê a gorneta militare che dâ o curaggio p'ra a genti....
Che bello o surdado (Pausa). Avanti! su! curagio!!... Fogo!... Pun!... Pun!... Pun!...

Vincenzo — Ma che stá facendo! ô Carmello!?

Carmello — Stó amatáno turco!

Vincenzo — Vá all'inferno! vá! sô troxa!...

Carmello — (Marchando) Tá, tá, ra, ra, tá tá!... (Passa uma pessoa pela rua) Pronto, frigueiz! (Pausa) Ah! io sí chi vò murá in Tripoli! Aóra, nó! perché stó facendo una brutta cavaçó co guverno, p'ra sê ingraxato inda a porta du palazzo... (Passa outra pessoa pela rua) Pronto, frigueiz! Ingraxato c'oa moda di Parigi. Un tostone a ingraxada! C'oa pomada straniera. (Pausa) Aóra non posso, ma assí che io liquidá ista cavacó, io vó mesimo, agarantidamenti! Vó amuntá lá um bunito saló di ingraxato.
Inveiz, tê una robba che mi stà facendo a duvida.... Io lí altrodí nu « Vanfulla » che os turco non anda di buttigna, lá in Tripoli!... Eh! é mintira!...
Ma perché non vem vucê tambê sô Vincenzo!...

Vincenzo — Che speranza!... turco non faiz a barba!...

Carmello — Mintira! Io cunheço un turco chi faiz a barba si signore!

Vincenzo — Qual'é?

Carmello — O Saladino, quello chi tê logia nã lalere do Juó Alfrede!

Vincenzo — Ma che! illo faiz a barba co caco di vitro!

Carmello — (Ao publico) Guarda che patriota!

SCENA II

Os mesmos e o Smart

Smart — (Entrando) Engraxa-me as botas, ó carcamano.

O estranho "teatro" de Juó Bananére: metalinguagem da representação.

do que a "scena VII" tem apenas dois diálogos. Como seria sua montagem?

De qualquer maneira, segundo informação de Miroel Silveira[13], em 1917 Juó Bananére se lança com sucesso no teatro, participando da concepção de uma comédia que seria apresentada 58 vezes pela Companhia Arruda. O ensaísta não diz o nome da peça anterior, mas acrescenta que, nesse mesmo ano, junto com Danton Vampré e Euclides de Andrade, Bananére escreveu uma outra peça: *Você vai ver*. Nesse texto, Bananére usava personagens italianos, porém, em papéis apenas decorativos ou secundários.

Em 1918, Sud Menucci conta que *La divina increnca* foi o grande acontecimento da temporada teatral. Estruturada em dois atos, sete quadros e uma apoteose (com música de L. Alves Silveira), a comédia foi montada pela mesma Companhia Arruda, que se apresentou no teatro Boa Vista. Ficou em cartaz durante 36 apresentações, em vez das três ou sete habituais.[14] Em 1919, Bananére escreve a peça *Aluga-se um quarto*, que só teve sete apresentações. Segundo Miroel Silveira, os textos dessas peças se perderam, mas o tanto que se conhece lhe permite considerar que Alexandre Machado foi um homem ligado às artes cênicas.

Mario Carelli diz que Bananére, nas peças, "retoma seus procedimentos habituais: utilizar a língua macarrônica para parodiar a literatura de seu tempo e ridicularizar a vida política do Brasil".[15] A verdade é que, sem os textos teatrais de Bananére, fica difícil analisar qualquer aspecto dessa produção.

A única peça que o escritor macarrônico fez questão de publicar, além desse seu "texto teatralizado" de 1913,

---

[13] Miroel Silveira, *A contribuição italiana ao teatro brasileiro*, São Paulo, Quiron/INL-MEC, 1970, p. 166.

[14] Sud Menucci, *apud* Mario Carelli, *Carcamanos e comendadores*, p. 112.

[15] Mario Carelli, *op. cit.*

foi a sua *A ceia dos avaccagliado: peça em 1 attimo*, como ele mesmo definiu, que entrou na última seção de seu livro *La divina increnca*, ampliado em 1916, tornando-se parte integrante da estrutura geral do livro. Portanto, deve ser analisada dentro daquele contexto.

A partir de 1920, com exceção das reedições ampliadas de sua *La divina increnca*, que aconteceram até 1925, Bananére parou de escrever. Até 1933 não é possível encontrar mais nada do escritor em jornais, livros ou teatro.

Em 1931, Bananére lançou dois pequenos discos pela Columbia, em que declamava quatro poemas. A saber: "Non Fui Ista a Inrevoluçó que Io Sugné", "O Indiscobrimento do Brazil", "O Lobo i u Gorderigno" e "U Cavagnac".

Em maio de 1933, ele voltou a atuar na imprensa, lançando o jornal *Diario do Abax'o Piques*: "diario semanale di grande inpurtanza: prupietá di una sucietá anonima cumpretamenti disconhicida".

Apesar de sua ligação com Oswald de Andrade, Alcântara Machado e outros intelectuais modernistas, ele não participou da Semana de Arte Moderna de 22, mantendo sua independência intelectual de qualquer corrente ou movimento literário.

Esse dado de sua personalidade não faz com que sua obra seja desimportante, mas demonstra que, em função da singularidade de suas produções, ele foi um marginal na história literária brasileira, assim como foram marginais Joaquim de Sousândrade, Pedro Kilkerry e Augusto dos Anjos.

Primeira edição de *La divina increnca*, de 1915,
com a genial capa de Voltolino.

7.

LA DIVINA INCRENCA: POESIA E CARNAVAL

> "Fui aquillo poeta figlio da máia chi vignó aqui, só pur causa di iscugliambá c'oa tranquillidadi do làro. Aóra io vô baté un duello c'oelli."
>
> "O Conquistadoro"[1]

Um Livro em Processo, com Muitas Edições

Até hoje, os artigos e as análises que se fizeram sobre Juó Bananére, quando são positivos, acabam por apontá-lo como um autor interessante apenas por ter sido uma "voz da democracia paulista"[2]. Todos são unânimes em apontá-lo como um escritor que, através de suas piadas, "constituiu o terror dos políticos"[3]. Porém, não se pode reduzir suas atuações a simples posturas sociais ou políticas.

De fato, através de suas crônicas e seus panfletos libertários, e também por todo seu empenho na Campanha Civilista, Juó Bananére foi uma das personalidades que mais contribuiu para a modernização e o avanço democrático nas relações políticas e sociais do país. Mas a sua maior contribuição foi estética.

Juó Bananére deixou para a literatura duas obras importantes. A primeira ainda está por se organizar, e seria o conjunto de suas crônicas em *O Pirralho*, desde 1911 até

---

[1] "A Tragedia nu Láro", *La divina increnca.*

[2] Otto Maria Carpeaux, "Uma Voz da Democracia Paulista", *in Diário de São Paulo*, 12/06/1955.

[3] Raimundo Menezes, *Dicionário literário brasileiro*, Rio de Janeiro, LTC, 1978.

1915. A saber: todas a suas "Cartas d'Abax'o Pigues" e as peças explosivas do "Rigalegio", que representam cinco anos de intensa produção literária e que raramente foram consideradas nas estreitas análises que se fizeram sobre sua criação.

A outra grande obra do escritor foi o livro *La divina increnca*, sem o qual Juó Bananére não alcançaria sequer seu *status* de poeta e prosador.

La divina increnca foi lançado pela primeira vez em maio de 1915, e alcançou o sucesso de nove edições seguidas, até 1925.

A primeira edição, distribuída pela revista *O Queixoso* (conforme está escrito na contracapa), tinha uma belíssima capa de Voltolino e apenas 45 páginas (até o poema "O Varredore de Rua"). Mais tarde, nas outras edições, Bananére acrescentou outros trabalhos, até chegar às 134 páginas da edição de 1925.

A segunda edição de *La divina increnca*, em 1916, não teve editora; foi também uma produção independente, provavelmente financiada por Bananére e seus amigos. Contava com 77 páginas, pois o escritor incluiu a peça teatral *A ceia dos avaccagliado*.

Em 1917, talvez em função do enorme sucesso das edições independentes, a Livraria do Globo, Irmãos Marrano Editora, de São Paulo, lançou uma terceira edição ampliada, que já continha a prosa "Crimos Celebros". As edições não pararam de sair, e em 1925 a mesma Irmãos Marrano lançou uma nona edição, com 134 páginas, na qual se incluíram novos poemas, entre eles "Otro Sunetto Futurissimo".

Em 1966, transcorridos 13 anos em que não se falava mais em Juó Bananére, a Falco Massucci Editora, também de São Paulo, relançou *La divina increnca*, respeitando a edição de 1925, mas teve o cuidado de acrescentar um glossário muito útil no final do livro, traduzindo algumas gírias e personagens do universo bananérico. *La divina increnca*, então, ficou com 142 páginas. Não houve uma outra edição para o grande público, e mesmo essa, de 1966, é hoje raríssima. No ano de 1996, a Escola Politécnica da USP lançou uma pequena edição comemorativa de *La divina increnca.*

Para este livro, pesquisei as edições de 1915, 1925 e 1966. Considerei que nesta obra em processo, em que a cada edição Bananére acrescentava um novo trabalho, a nona edição, publicada em 1925, foi definitiva. Depois dela, Juó Bananére não alterou mais nada. Portanto, é esta a edição que analiso.

La Divina Increnca: Arcabouço Geral

Enganam-se os que acham que Juó Bananére inventou uma linguagem macarrônica ou que abusou dessa algaravia ítalo-paulista nos seus textos para ser um paladino dos imigrantes italianos no Brasil.

Ainda que tenha contribuído, com suas paródias humorísticas, para a "evolução das mentalidades, no tocante à assimilação dos italianos"[4], nem mesmo italiano ou filho de italianos ele era. Bananére apenas se utilizou dessa máscara para, assim como o poeta italiano do início do século XIX Giuseppe Gioachino Belli, apropriar-se do "linguajar do povo e de sua *forma mentis*"[5] com intensidade.

Desde sempre o comprometimento maior de Juó Bananére não foi com os italianos, mas com a literatura. Isso fica claro com a publicação de seu livro *La divina increnca*, uma obra de caráter essencialmente literário, mesmo contendo poemas satírico-políticos.

O genial escritor satírico renascentista François Rabelais, cuja declaração de princípios literários era "antes risos que prantos descrever, sendo certo que rir é próprio do homem", endossou a tese que já vinha de importantes

---

[4] Mario Carelli, *op. cit.*

[5] Augusto de Campos, "Belli, Diabolus in Poesia", *in A margem da margem*, São Paulo, Companhia das Letras, 1989.

O *Pirralho* de 1916. Sem Juó Bananére,
o jornal vai perdendo o brilho.

escritores da Antiguidade, como Plínio e Aristóteles, de que o riso é um dos fatos humanos mais fundamentais, um princípio universal de concepção do mundo, uma forma de "aprender a bem morrer e a bem viver", que o filósofo humanista Montaigne via como algo muito sério.

Espécie de Rabelais do Pré-Modernismo, Juó Bananére parte dessa linha de autores que vêem no riso uma concepção filosófica de vida, um olhar ético e estético do mundo. Por isso, toda sua obra, e não apenas *La divina increnca*, é marcada pela blague, pela caricatura e pela paródia; além da subversão proposital da retórica tradicional, através de uma linguagem estropiada e macarrônica.

Ao usar a paródia e o macarronismo como processos de criação literária, ele estava bebendo de uma rica vertente da literatura satírica universal. E não foi por mera intuição, pois através de seus textos repletos de referências literárias percebe-se que ele tinha cultura suficiente para saber o que estava fazendo.

Essas características de seu trabalho integram o autor na mais alta tradição da arte burlesca, que vem da Idade Média e do Renascimento, mas tem suas raízes na própria Antiguidade grega. Com seu peculiar procedimento construtivo, Juó Bananére fez de sua *La divina increnca* matriz importante, à moda brasileira, da sátira carnavalesca e do realismo grotesco em literatura.

Quem apontou para a importância desse aspecto macarrônico de sua criação foi Otto Maria Carpeaux, que em 1959 já dizia: "Justamente no fato de Juó Bananére ter criado uma linguagem macarrônica, parece-me residir sua superioridade sobre outros humoristas e sua verdadeira importância".[6]

Mesmo sem se aprofundar no assunto, o ensaísta lembrou que "a mistura intencional, em obra literária, de duas

---

[6] Otto Maria Carpeaux, "A Divina Increnca", *in Manchete*, 21/04/1975.

línguas para fins paródicos chama-se *macarronismo*. No Brasil usa-se essa expressão quando alguém fala uma língua que não conhece bem, estropiando-a: 'Fulano fala um francês macarrônico'. Mas é uso inexato do termo. A poesia macarrônica tem uma história de muitos séculos. Clérigos vagantes da Idade Média já a usaram para blasfemar contra cantos litúrgicos. O grande Villon usa, para fins semelhantes, expressões de um francês arcaico. No século XVI, o herético monge Teófilo Folengo criou uma língua macarrônica, mistura de italiano e latim, para zombar dos aristocratas, dos padres e dos humanistas eruditos da Renascença: é oposição pelo riso".[7]

Carpeaux também acrescenta que "a literatura brasileira não é muito rica em poesia humorística. Gregório de Matos e as *Cartas chilenas* pertencem à pré-história das letras nacionais. Depois vieram os chamados poetas satíricos mineiros, o Padre Silvério Ribeiro de Carvalho, o Padre José Joaquim Correia de Almeida — prometo um doce a quem inspirem o mais leve sorriso [...]. O conceito de poesia sempre foi, no Brasil, romântico, ou então retórico. São raríssimas as exceções, e o humor amargo de Carlos Drummond de Andrade pertence a uma outra categoria, mais alta. Mas Juó Bananére é uma categoria *per se* modesta, mas na qual não tem companheiros".[8]

Pode-se considerar que o ensaísta, com estas colocações, deu a dica, mas não achou o ouro. Primeiro, porque ele fala apenas da poesia de Bananére, quando o escritor desenvolveu uma prosa extensa; depois, quando fala de uma poesia satírica, ele pula toda a primeira geração modernista, deixando de considerar o próprio Oswald de Andrade, que tinha um componente de humor em tudo o que fazia. E por fim, quando diz que Juó Bananére é uma ca-

---

[7] *Id.*, *ibid.*

[8] *Id.*, *ibid.* A colocação de Carpeaux sobre Gregório de Matos é discutível, pois hoje já se considera o escritor barroco um marco da literatura brasileira — o início dela, e não mais a sua pré-história.

tegoria *per se* modesta, mas que não tem companheiros, ele se engana.

Ainda que alguns aspectos de seu trabalho encontrem ressonância no barroco Gregório de Matos, de fato, na sua aventura estilística, Juó Bananére está sozinho. Mas sua literatura está longe de ser *per se* modesta. O que faz sua obra parecer de uma categoria mais baixa é o aspecto radicalmente paródico e carnavalesco de sua produção. A fonte de inspiração de Juó Bananére não foi apenas livresca, mas tem suas raízes na cultura popular e no carnaval.

Os seus "rebaixamentos", quer seja no uso abusivo da paródia ou ainda na utilização de uma temática popular, deixam uma falsa impressão de vulgaridade. Isso fica claro na obra *La divina increnca.* Mas nesse ponto ele é completamente coerente com a tradição da literatura macarrônica na qual se insere.

Semelhantemente ao herético Teófilo Folengo, ele criou uma literatura macarrônica ítalo-paulista para zombar dos cartolas da aristocracia paulista, dos padres e dos falsos eruditos de plantão.

Bananére já percebia que o Brasil era um "país de dores anônimas. De doutores anônimos. Sociedade de náufragos eruditos", como teorizaria mais tarde Oswald de Andrade, no seu "Manifesto da Poesia Pau-Brasil": "Donde a nunca exportação de poesia. A poesia emaranhada na cultura. Nos cipós das metrificações".

Em Bananére, a sua forma antieloqüente e anti-retórica é uma oposição estética aos versos nobres da literatura instituída, ao mito do "falar bem", à eloqüência exagerada e falsa da linguagem dos salões. Por isso mesmo, contra a expressão literária do poder conservador das oligarquias, ele não propõe apenas a fala ágil das ruas, mas a das camadas menos privilegiadas da época: os imigrantes proletários italianos.

Reaproveitando as expressões estropiadas dos imigrantes, Bananére desenvolveu uma obra artística radicalmente coloquial. Com incrível modernidade, ele constrói uma poesia de rupturas, plebéia, com inspiração tirada das ruas, dos fatos, das manchetes de jornais.

Juó Bananére, à moda brasileira, foi uma mistura curiosa de François Rabelais e Giuseppe Gioachino Belli.

O que o aproxima de Belli é a musicalidade e estropiamento de seus textos, feitos de um macarronismo repleto de corruptelas, os *lapsus linguae* e a gíria da gente simples da rua; e também a incorporação de uma *persona* popular.

De modo semelhante a Rabelais, ele desenvolveu em sua literatura uma paródia "de registro essencialmente cômico" e que trata do "mundo imenso da cultura popular do riso".[9] Bananére, assim como o escritor francês, vai buscar na fonte popular do carnaval, das piadas dos estudantes, das grandes gargalhadas, das praças públicas e da gente simples das ruas os elementos para a sua criação.

Cabem, para definir o tipo de paródia utilizado em *La divina increnca*, as mesmas palavras que o ensaísta Boris Schnaiderman usou para resumir a visão da paródia na obra de Rabelais, segundo Bakhtin: uma paródia "de registro essencialmente cômico, que revira o texto parodiado e nos dá o farsesco, o sexual, o coprológico, a grande gargalhada das ruas e das praças, o carnavalesco, a irrupção do riso, a caçoada com os grandes temas, a irreverência do espírito popular, sua esfuziante alegria posta de lado durante séculos pela cultura oficial".[10]

Nos textos de Bananére, o sexual e o coprológico são de menor incidência do que em Rabelais, mas existem. Nas "Cartas d'Abax'o Pigues" de 11 de outubro de 1911, por exemplo, temos uma boa amostra de utilização do sexual como blague. Bananére conta uma visita à casa do coronel Piedade — chefe da Guarda Nacional — para uma entrevista sobre o "tipo de cavalo que melhor se adequaria à polícia montada". A partir daí a piada se faz:

---

[9] Boris Schnaiderman, *op. cit.*

[10] *Idem*, p. 90.

Come tutto o mondo parla da a importancia do garonelo Piadade, por causa che o sopradetto garonello é o comandante generalo doinzercito chiamato la "sguardia nazionale", resolvi da pig'una circunferenza inzima délle [...]

— Intó? A chi devo a piaceri da a visita do garo Bananére?

— Eh! Mi contaro chi o inlustro o garonelo faceva u commandanti da "Sguardia Nazionali" e intó io risolvi da pig'um circuferenza inzima da a vostra signorie.

— Oh! Ma io sonno sempre alla sposizione do o caro Bananére!

— Intó io tenía da perguntá po inlustro o garonello *qualli sería os migliore animalo pá muntá inzima do os sordado.*

— Inda a mia opinion *sono as egulas*; tanto chi os sordado u mio inzercito si deixa muntá *só d'inzima as egulas.*

Bakhtin e a Concepção Filosófica do Carnaval

Não se pode falar em arte do riso e carnavalização sem considerar a visão revolucionária do ensaísta russo Mikhail Bakhtin sobre o tema. Alguns aspectos de sua teoria são fundamentais para a compreensão de Juó Bananére e sua *La divina increnca.*

Bakhtin demonstrou que nas sociedades feudais, opressoras e normativas, havia alguns momentos em que explodia algo que subvertia essa rigidez: eram as festas populares, com seus ritos, cultos cômicos, seus bufões, bobos e palhaços. "Um mundo infinito das formas e manifestações do riso, que se opunham à cultura oficial, ao tom sério, religioso e feudal da época".[11]

Bakhtin comenta que essas manifestações, que ocor-

[11] Mikhail Bakhtin, *op. cit.*

riam principalmente no carnaval, “pareciam ter construído, ao lado do mundo oficial, um segundo mundo e uma segunda vida”[12], aos quais os homens da Idade Média pertenciam em maior ou menor proporção e no qual viviam em determinadas situações.

Para o ensaísta russo, as comemorações carnavalescas se situam na fronteira entre a arte e a vida, “pois é a própria vida apresentada com os elementos característicos da representação”.[13]

O autor coloca que os espectadores não assistem ao carnaval, eles “o vivem”, uma vez que essa festa, por sua própria natureza, existe para “todo o povo”. Enquanto dura o carnaval, não se conhece outra vida senão a do carnaval.

Nesse aspecto, as manifestações carnavalescas da arte do riso estão muito mais próximas aos ritos alegóricos das remotas festas pagãs da colheita e do vinho, do que da sátira moderna propriamente dita. Assim como os cortejos primitivos da vindima, elas instauram uma espécie de “cosmovisão burlesca”, que pressupõe a sacralização do profano e a profanização do sagrado; subvertem os valores morais normativos e consideram o “baixo corporal” como afirmação da vida — por isso os personagens de forma grotesca, as máscaras com características de animais e os inúmeros signos da comida, fertilidade etc. Elas promovem, ainda, o riso libertador.

Para Bakhtin, uma qualidade importante do riso na festa popular é que ele escarnece dos próprios burladores. O povo não se exclui do mundo em evolução; também ele se sente incompleto, também ele renasce e se renova com a morte. Essa é uma das diferenças essenciais que separam o riso festivo do riso puramente satírico da época moderna. O autor satírico que apenas emprega o humor negati-

---

[12] *Idem.*

[13] *Idem.*

vo coloca-se fora do objeto aludido e opõe-se a ele, o que destrói a integridade do aspecto cômico do mundo, então o risível se torna um fenômeno particular. Ao contrário, o riso popular ambivalente expressa uma opinião sobre o mundo em plena evolução, no qual estão incluídos os que riem.

Bakhtin divide as múltiplas manifestações carnavalescas da cultura popular em três grandes categorias: 1) as formas dos ritos e espetáculos, isto é, festejos carnavalescos, obras cômicas representadas em praça pública; 2) obras cômicas verbais (inclusive a paródia) de diversas naturezas, orais e escritas, em latim vulgar ou em língua vulgar; 3) diversas formas e gêneros do vocabulário familiar e grosseiro, os insultos, juramentos, blasonarias populares etc.

Bakhtin tem uma concepção filosófica da carnavalização e demonstrou que há uma expressão desse mesmo gênero na literatura. Ao promover a sátira menipéia a gênero, considerou que importantes nomes da literatura mundial, como Cervantes e Rabelais (sendo Rabelais o grande porta-voz do riso carnavalesco na literatura), têm em suas obras essa espécie de cosmovisão singular, que se expressa tanto nos seus grotescos personagens, como na estrutura solta, debochada e subvertedora das normas estilísticas do período.

Para Bakhtin, o fenômeno da carnavalização ocorre em literatura desde a mais remota antiguidade. Ele observa que até os diálogos socráticos são uma manifestação dessa mesma ordem. A própria figura de Sócrates, mostra Bakhtin, é uma forma carnavalizada.

O texto carnavalizado tem como característica básica tratar dos problemas mais transcendentes e importantes do ser humano, mas com uma abordagem cômica. É uma espécie de gênero sério-cômico cujo espírito provocador, do qual se impregna, modifica, inclusive, as regras da retórica clássica. O riso que ele desperta é geral e universal, pois imita o próprio riso complexo do carnaval, que, segundo o ensaísta, "atinge a todas as coisas e pessoas" (inclusive as que participam do carnaval). O mundo inteiro parece cômico e é percebido e considerado no seu aspecto jocoso, no seu alegre relativismo. Esse riso é ambivalente: alegre e cheio de alvoroço, mas ao mesmo tempo burlador e sarcástico. Nega e afirma, amortalha e ressuscita simultaneamente.

La Divina Increnca — Tradição, Poesia e Carnaval

"Acontecimento religioso da raça", na definição de Oswald de Andrade, o carnaval, no Brasil, sempre foi um exemplo de solução estética altamente criativa que o povo brasileiro encontrou para mesclar as raças e suas manifestações culturais. Uma força cega de revitalização constante e fator determinante em nossa formação.

Mesmo hoje, com toda sua descaracterização, o carnaval ainda mantém, nos locais onde se encontra mais genuíno, como Pernambuco e Bahia, um pouco da inventividade que o transformou na principal comemoração popular do Brasil e da própria América Latina, até as primeiras décadas do século XX.

Como nota o ensaísta Emir Rodrigues Monegal, "Bakhtin tem provavelmente razão, ao alegar que o carnaval (tal como era representado na Idade Média e no Renascimento) já não existe na Europa a partir da Idade Moderna. Depois de Rabelais, perdeu para sempre suas características principais de acontecimento folclórico e popular ao mesmo tempo. Porém, na América Latina, o Carnaval ainda está vivo: especialmente na área do Caribe e do Brasil. O conflito e a mescla de culturas (indígenas, européias, negras) nessas áreas privilegiadas impediram que o Carnaval se convertesse apenas em uma instituição oficial, exclusivamente fiscalizada pelo Governo".[14]

No Brasil, as raízes pagãs de nossa realidade — fruto da miscigenação negra e índia — que se mantêm normal-

---

[14] Emir Rodriguez Monegal, "Carnaval, Antropofagia, Paródia", *in Revista Tempo Brasileiro*, nº 62, jul./set. 1980, p. 13.

mente sufocadas, através do carnaval são revividas, para, no instante de sua comemoração, instaurar a alegria de uma espécie de paraíso perdido em função da civilização branca e católica, estruturada na contenção do prazer, do instinto e das paixões, em nome da razão, da moral e da disciplina.

A consciência do conflito entre natureza e história humana, igual às antigas festas gregas da vindima, é sentida na Quarta-Feira de Cinzas, quando, passados os dias de embriaguez, novamente o mundo real se configura. A mais bela e a mais trágica das comemorações brasileiras sempre foi um paradoxo muito bem representado pela canção popular.

Assim como existe uma influência desse espírito carnavalesco na música, o mesmo se pode perceber em muitas outras manifestações da arte e da literatura no Brasil.

Já no Barroco, Gregório de Matos praticava uma literatura carnavalizada. Utilizando uma estrutura poética que deveria preservar certa rigidez, destruía todo seu rigor ao caçoar burlescamente dos costumes e da moral de seu tempo, incorporando aos seus textos poéticos os palavrões e os jargões grosseiros das ruas. Com esse procedimento estético, além de subverter a sintaxe dos versos, destruía o conceito nobre da literatura, na medida em que suas criações se impregnavam de um caráter não-oficioso de realização.

O início do século XX, período em que surge Juó Bananére, foi o momento glorioso da consolidação do carnaval como a grande manifestação popular brasileira.

Durante os três dias convencionados para a comemoração, a música, a dança e a fantasia faziam parte da união e da liberdade nas ruas. Homens se travestiam de mulheres, formando alegres blocos cômicos, pais de família compenetrados caíam na farra desbragada, gente sóbria se embebedava, o virtuoso se permitia uma saudável transgressão das normas da virtude. Assim, ocorria com humor a subversão de um rígido sistema patriarcal e a liberação de toda uma sensualidade e criatividade mestiças, tipicamente tropical.

Não foi à-toa que, em 1924, Oswald de Andrade colocou em seu "Manifesto da Poesia Pau-Brasil" que "o Carnaval do Rio é o acontecimento religioso da raça. O Carnaval. O sertão e a favela. Pau-Brasil. Bárbaro e nosso". E depois, no seu "Manifesto Antropófago", de 1928, "nunca fomos catequizados. Fizemos foi Carnaval. O índio vestido de senador do Império. Fingindo de Pitt. Ou figurando nas óperas de Alencar cheio de bons sentimentos portugueses".

Dos anos 1910 aos anos 1930, o carnaval e a visão carnavalesca da realidade brasileira refletiam uma espécie de espírito de época. Impregnavam todas as instâncias da vida e da arte, da mesma maneira como o *spleen* e o platonismo foram espíritos do Romantismo, e a morbideza romântica, do Simbolismo.

A maneira mais ou menos eufórica, e ao mesmo tempo sarcástica e jocosa, de se colocar diante dos problemas nacionais e suas terríveis conseqüências parecia ser uma marca das sofridas camadas populares. O humor e a malícia tipicamente brasileiros eram características psicológicas marcantes dos tipos populares, como o malandro e o caiçara; e também de toda uma população urbana periférica que começava a surgir nos grandes centros e que serviu de inspiração a Juó Bananére.

Para contribuir com esse clima tínhamos a afirmação do circo, com seus grandes palhaços, como o Piolim, louvado pelos modernistas, bem como do teatro de revista. A proliferação das charges e das ilustrações satíricas nos jornais e nas revistas davam espaço para o surgimento dos grandes cartunistas, como o próprio Voltolino. Mesmo entre os parnasianos, temos a figura ousada do mordaz Emílio de Menezes.

Ao lado disso, o surgimento das poderosas mídias, como o cinema, reforçava esse estado de coisas. O cinema brasileiro logo se impõe com suas pré-chanchadas de tipo carnavalesco, como *Pela Vitória do Time*, *O Cordão* e outras ainda mais satíricas e maliciosas, como *Pega na*

Chaleira, *Zé Bolas*, *Passaperna e Companhia*, todas de 1908, ou mesmo *As Aventuras de Zé-Caipora*, de 1911, baseada nos quadrinhos de Angelo Agostini para a revista *O Malho*. O mesmo ocorre com o fenômeno do disco e do rádio, que surgem nos anos 1920, mas logo se integram a esse espírito, que será o responsável por sua larga aceitação.

La divina increnca, de Juó Bananére, foi a resposta e a integração literária a esse espírito "não-oficioso" de sua época. Nenhum escritor do período, mais profundamente do que ele, foi buscar nas manifestações do circo, do teatro de revista e do próprio carnaval os elementos estéticos para sua arte.

A grandeza de sua obra reside na busca da corrente evolutiva da arte cômica universal e sua adaptação àquilo que ela tem em comum com o complexo riso popular do Brasil e suas múltiplas formas e manifestações.

Sua sátira de alto repertório, através do macarronismo e da paródia, dialoga com um tipo de humor tipicamente nacional, e a partir deles constrói suas blagues. A resistência de Juó Bananére a ajustar-se aos cânones e regras da arte e da literatura vigentes, além do caráter radicalmente popular de sua obra, explica o aspecto "não-literário" de *La divina increnca*.

O PIRRALHO

O Gazua i a Polizia

Nu arto du Garvaglio tenia uma cruiz,
I pindurado ingoppa, o corpo di Jesuis.
Notte di tempestá. Nuvolas gôr di garvó,
Corria pelo çeu come um bando di leitô.
A lua, redonda come una melanzia
I branga come un biglietto di lotteria,
Derramava na terra una Illumiçó
Migliore du gaiz i migliore du lampió.
Du Braiz a Barafunda, do O' ao Billezigno,
Non si iscutava né un baruligno.
Jesuis, prigado na cruiz, stava spiráno
I os corvo imbaxo stava spiáno.

***

Numa óra chi stava mesimo a scuridó,
O Gristo iscuitô un baruligno, i intó
Ogliô i viu surgi d'indo glaró da lua
C'uma lamparina na mó, o Juó Gazúa.
O ladró, acuntenprano a gara di Jesuis,
Tó sereno i tó chetigno, apagô a luiz
I indisgambô... Ma n'istu momento inzato,
Parecêu na frente delli o Lacarato
I gridó:
        In nomi da legge! Steje preso!
O Gazua fiz un gettigno di dispreso,
I aparlô:
        Passi di largo cumpagnêro,
Che io só amigo do Dudú i do Pignêro.
— Non vó nu imbroglio dissi o Lacarato
I non si mexa dai sinó ti mato.
O Gazua, tremendo di paúra, dissi:
                                Dottore!
Che disegia di min? Chigné o signore?
— O Lacarato, subrindiligato lá nu Bó Ritiro
I a maise di un meiz che io ando dano un giro
P'ra pigá tuttos ladró d'ingoppa a zona.
— Iscuita sô Lacarato! per la Madona!
Mi dexa eu i s'imbóra, faccia o favore
Che io li dó un montó di prata p'ru signore.
O Lacarato intó pigô di dá risada
I dissi: — Guarde istu dignêro gamarada,
Che o dignêro rubado pertençe p'ru ladró,
Come o figlio p'ru paio, i o paio p'ru avó.
Guardi istu dignêro bê dentro da argibêra
Chi é p'ra pruvá chi é vucê o attor da robagliéra.
Tu á di i p'ru xadriz sô indisgraziato!
E io ê di mandá tirá o tuo ritrato,
Butá imbaxo: — Istu ritrato é d'un ladró —
I mandá pindurá in tuttas staçó.
É di dá ordi p'rus surdado ti scondê,
Chi é p'ru Giurio non podê ti bissorvê.
I aóra va chéto, giunto co surdado,
Che io vó pricurá aquí p'ra istu lado,
Si incontro ôtro chi intrô na nigociata.

***

Dissi istu i saiu pricurá o Xico Prata.

***

O Gazúa assi chi scigô lá na prisô
Pigô una corda e s'inforcô.

Sunetto crassico

Sette anno di pastore, Giacó servia Labó,
Padre da Raffaela, serrana bella,
Ma non servia o pai, che illo non era troxa nó!
Servia a Raffaela p'ra si gazá c'oella.

I os dia, na speranza di un dia só,
Apassava spiano na gianella;
Ma o páio, fugino da gombinaçó,
Deu a Lia inveiz da Raffaela.

Quano o Giacó adiscobri o ingano,
E che tigna gaido na sparrella,
Ficô c'um brutto d'um garó di arara,

I incominciô di servi otros sette anno
Dizéno: Si o Labó non fossi o pai d'ella
Io pigava elli i li quibrava a gara.

Juó Bananére

Dois dos melhores poemas de Juó Bananére em *O Pirralho*: uma sátira à corrupção das autoridades e uma paródia a um soneto de Camões.

8.
AINDA *LA DIVINA INCRENCA*: INAUGURAL TEORIA DA PARÓDIA

> "Coió! Intó só i'chi sô coió?
> I aóra tu, grandissimo alifante!
> Gamello! Cavagnaque di barbante."
>
> *La divina increnca*

La Divina Increnca: Um Estranho "Não-Livro"

La divina increnca é um livro para fazer rir. Sua proposta de encantação pelo riso é altamente demolidora. Uma obra toda e completamente paródica, um "canto paralelo" em que a colisão entre momentos históricos, a mescla de valores e a reavaliação crítica de alguns poemas da literatura brasileira são uma constante. Realiza uma síntese rara entre o popular e o erudito, o sagrado e o profano, o velho e o novo, o real e o imaginário. Seu riso impiedoso recusa o poder instituído e afirma a vida resolutamente.

Instaurando um dialeto macarrônico na releitura paródica da chamada "alta literatura", Bananére desnaturaliza as hierarquias. Questiona o poder da "linguagem do poder" como forma inquestionável e absoluta: ao centro (representado pelo Parnasianismo), que expulsa o periférico (representado na voz imigrante), ele impõe novamente o periférico. Ao cruzar códigos, promove a transmutação do leitor, e, na ruptura de aspectos semânticos e sintáticos do idioma, ensina um caminho político/estético novo.

Como lembra Otto Maria Carpeaux, "há uma relação entre língua e classe. As classes sociais têm, cada uma, sua própria língua. A língua parnasiana dos 'cartolas' de São Paulo não podia ser a mesma da classe mais pobre do

Estado, dos recém-imigrados italianos. Deliberadamente ou não, Juó Bananére usou a língua macarrônica, ítalo-paulista, dessa gente, para ridicularizar os cartolas, cujo reinado acabou em 1929".[1]

Com exceção da peça *A ceia dos avaccagliado*, todos os poemas de *La divina increnca* e também a prosa "Crimos Celebros" foram retirados das páginas de *O Pirralho*.

São textos explosivos, que no livro, pelo simples fato de mudarem de suporte, ganham novos significados. Tanto podem ser lidos em separado, como obras individuais, como no seu conjunto.

A obra *La divina increnca* é uma paródia modernista da *Divina comédia* de Dante Alighieri. Mas nesta sua "increnca divina", Bananére segue uma estrutura semelhante à das obras de outro escritor genial, que foi François Rabelais. Semelhante aos livros do escritor francês, na *Divina increnca* de Bananére, gêneros e estilos literários, jargões populares, tradição oral e tradição escrita se misturam a personagens reais e fictícios, numa verdadeira carnavalização.

Da mesma forma com que Rabelais foi "colher sabedoria na corrente popular dos antigos dialetos, dos refrões, dos provérbios, das farsas dos estudantes, na boca dos simples e dos loucos"[2], Bananére foi colher na essência da cultura popular brasileira do carnaval, do riso, da paródia mordaz, ingênua e aguda, a um só tempo infantil e cruel, elementos para construir uma obra precursoramente moderna e desconstrutiva.

Nesse canto paralelo à *Divina comédia*, assim como Dante Alighieri, Bananére também cria uma cosmovisão de humanidade. Mas nesse seu delírio carnavalesco, atra-

---

[1] Otto Maria Carpeaux, "Uma Voz da Democracia Paulista", *in Diário de São Paulo*, 12/06/1955.

[2] Michelet, *História da França*; trecho citado por Mikhail Bakhtin em *A cultura popular na Idade Média e no Renascimento*.

vés da paródia e do macarronismo, ele dessacraliza a *Divina comédia*: abusando da linguagem estropiada dos imigrantes ítalo-paulistas, o escritor macarrônico segue à risca o dito popular de que "Deus escreve certo por linhas tortas", fazendo uma blague ao próprio conceito de "escritura divina".

La divina increnca é uma espécie de quebra-cabeça, em que a disposição dos textos na página, a variação de tipologia das letras e os espaços em branco no papel têm sentido. Forma e conteúdo caminham juntos, fazem parte da mensagem, tanto quanto os variados gêneros literários que a obra contém.

O responsável pela unicidade desse quebra-cabeça é o próprio personagem-tema: Juó Bananére. Sua voz macarrônica, que ecoa em todos os textos do livro, e sua presença real, que se instaura nas duas crônicas de "Crimos Celebros", têm a capacidade de alinhavar as peças dispersas desse jogo estrutural, formando um painel único da crônica, da música, do teatro, dos jargões populares, da literatura, dos personagens, da dicção, do espírito e da mentalidade de uma época: a República Velha no Brasil.

Mas também nas rupturas que promove, ao fornecer um novo padrão formal de livro e ao questionar os assentados padrões temáticos e lingüísticos da literatura de seu tempo, propondo uma fala ágil, coloquial e de discurso moderno, *La divina increnca*, desde 1915, já era um vetor de atualidade estética, apontado para o futuro. Faz parte do modernismo brasileiro tanto quanto as outras obras que surgiriam depois, decorrentes da Semana de Arte Moderna, no Brasil.

Matriz de Modelos Paródicos: Uma Estilística em Estilhaços

La divina increnca se divide em módulos distintos, espécies de capítulos-vertentes bananéricas em três gêneros literários: poesia, teatro, prosa. Sua estrutura sugere uma espécie de matriz de modelos paródicos nas diversas possibilidades da criação verbal. Exige, portanto, que se analise cada módulo em separado, sem perder, contudo, a dimensão do todo. Em seus capítulos-montagens, cada parte é um todo sendo parte, e essa estrutura representa uma das características marcantes de sua composição.

A estrutura singular de *La divina increnca* resulta num estranho "não-livro"; um protolivro-objeto que obriga o leitor a caminhar de uma macroestrutura geral da obra para uma segunda macroestrutura, dos capítulos. Mas, uma vez dentro de um desses capítulos, o leitor será lançado cada vez mais para os meandros sofisticados de sua microestrutura lingüística, que se inicia alterando as frases do discurso (quer seja ele em prosa ou em verso), para em seguida alterar as palavras individualizadas desse mesmo discurso, até chegar às mínimas partículas fonético-morfológicas dessas mesmas palavras.

Nesse aspecto, toda a obra de Bananére é simultânea e labiríntica; feita não só por peças explosivas, como também por palavras explosivas, que ao se estropiarem revelam/espelham novas palavras e, com elas, um novo e múltiplo significado do discurso.

Esse efeito de estilhaçamento estilístico, característica marcante da estética bananérica, se obtém por um processo paródico que parte do tema para a estrutura lingüística-suporte desse tema, e também do significado semântico das palavras para seu significado sintático.

O discurso da obra não é fragmentário, preserva sua linearidade e a estrutura geral do objeto parodiado (o que amplia a comicidade); mas, no estropiamento das palavras que formam a frase, modifica sua denotação e conseqüentemente sua conotação.

Explico com o exemplo da paródia que Bananére faz de "Nel Mezzo del Camin...", de Olavo Bilac, que intitula jocosamente de "Amore Co Amore Si Paga", ele mantém a estrutura dos versos e do soneto, mas na troca de palavras nobres por palavras vulgares, revela ao leitor comum não só o truque teatral e os exageros das repetições parnasianas, como também dessacraliza sua solenidade. Diz Bilac, na primeira quadra:

Cheguei. Chegaste. Vinhas fatigada
E triste, e triste e fatigado eu vinha,
Tinhas a alma de sonhos povoada,
E a alma de sonhos povoada eu tinha...

Bananére repete, à sua maneira plebéia:

Xiguê, xigaste! Vigna afatigada i triste
I triste i afatigado io vigna;
Tu tigna a arma povolada di sogno,
I a arma povolada di sogno io tigna.

Na troca estratégica de algumas palavras-chave, com semelhança fônica, mas diferente valor semântico — como "sonho/sogno", tendo "sogno" o sentido duplo de "sogno/sonho" e "sono/tédio"; "cheguei/xiguê" (xingar); ou ainda "alma/arma" —, Bananére revela, por antecipação, o conflito amoroso, que no poema original só se revelará na segunda estrofe do soneto. Na "tradução/transposição" de Bananére para a linguagem e realidade plebéias do Piques, o atrito amoroso não tem nada de nobre, como no soneto do parnasiano, mas é feito de ofensas, tédio, violência e imprecações.

Toda a obra de Bananére se constrói com essas alterações. Mesmo quando ele não modifica o sentido de uma palavra, o simples fato de escrevê-la com nova grafia chama a atenção do leitor para a linguagem. Por isso mesmo, em seu discurso, a paródia não se realiza apenas na temática, mas no entrediscurso — já no microssistema das frases ocorrem caricaturas verbais.

Em sua escritura feita por aglutinações, palavras-montagens, paronomásias, assim como na de outros grandes escritores da vanguarda estética do século XX, como James Joyce, Guillaume Apollinaire, Guimarães Rosa e Jorge Luis

AS CARTAS D'ABAX'O O PIQUES

Peço miles discurpa p'rus minhos simpatico inletori di non scrivê una robba maise cumprida oggi, pur causa che io stive afazéno una viagia nu sertó i stó cunsequentemente molto cançado, ma in gompensaçó atraduzi un *xique* suneto du Bilaco.

Xiguê, xigaste! Vigna afatigada e triste
I triste i afatigadu io vigna;
Tu tigna a arma povolada di sogno,
I a arma povolada di sonho io tinha.

Ti amê, m'amasti! Bunitigno io éra
I tu tambê era bunitigna;
Tu tinha una garigna di féra,
E io di féra tigna una garigna.

Una veze ti begiê a linda mó,
I a migna tambê vucê begiô.
Vucê mi apisô nus pé, i io non pisê no da signora!

Moltos abbraccio mi deu vucê
Moltos abbraccio io tambê ti dê.
Io namoro perché vivo i vucê vive perché namóra!

Juó Bananére.

O LAGE

Eu não sei si é verdade, mas parece
Que o Gazua anda agora exquisitão,
Nelle a moral de dia a dia cresce
E até ja quer passar por um Catão.

Diz que trabalha só pelo interesse
Do seu *paiz*, do povo e da nação,
E si o seu nome ás vezes apparece
Envolvido n'alguma cavação,

Elle brada e protesta indignado,
Escreve que é honesto, que é honrado
E insulta meio mundo sem razão,

Com tanta pose e tanta independencia
Que até chego a pensar que Sua Excellencia
Esqueceu-se de todo que é ladrão.

R. Flexa

Telegramma derretido

Serviço Sanitario, 7.

Foram identificados quasi todos os microbios da molestia contagiosa *Urucubaca*.

Já estão classificados os seguintes:

1.º *Broterus*, bixus cabelludus.
2.º *Dinamericus Rangelis*, bixus historicus.
3.º *Moreira Silvae*, bixus politicus.
4.º *Josephus Piedadonis*, bixus pau ad opera omnia.

Diz o Vasques Tagarella, fazendo o elogio funebre da arte portugueza:

— Aquella companhia que leva o 31, no Palacio Theatro tem umas excellentes artistas a vóz...

— Como? umas artistas avós?!

— Sim *á voix* como dizem os francezes.

Da commissão Executiva do Monumento ao dr. Alfredo Maia, recebemos o seguinte officio:

São Paulo 27 de Abril, de 1915.

Illmo. Sr. Redactor-Chefe do "Pirralho"

CAPITAL

« Tendo sido aventada a idéa de erigir-se, em uma das praças publicas desta capital, o busto em bronze do fallecido engenheiro dr. Alfredo Maia, constituiu-se, para esse fim, e pelos abaixo assignados, uma commissão executiva com a presidencia honoraria do exmo. sr. dr Paulo de Morraes Barros, a qual se empenha por que com ella funccionem, como vogaes, pessoas de perfeita idoneidade, entre as quaes um representante de cada orgam da imprensa paulista. Nestas condições, temos o prazer de solicitar de V. S. a fineza de, accedendo aos nossos desejos, indicar o nome da pessoa que, por parte desse conceituado jornal, deva collaborar com a commissão referida. »

« Muito agradecendo a V. S. o apreciado concurso que, por esse meio, nos vai prestar, aguardamos a sua obsequiosa resposta, e servindo-nos do ensejo para significar a V. S. os protestos de estima e apreço que temos a honra de ser »

De V. S.
Atts. Vrs. e Crs. Obrs.

Luiz Pereira Presidente	Antonio Sural 1º Secretario
José George Thesoureiro	Spenser Vampré 2º Secretario

Agradecendo a gentileza *O Pirralho* communica que será representado pelo sr. Synesio Rocha.

Nas "Cartas d'Abaxo o Piques", ironia cáustica de Bananére que "atraduziu" um poema de Olavo Bilac.

Borges, para citar alguns, cada palavra é uma obra poética. Seu diálogo é com a linguagem, sua escritura é voltada para a própria escritura.

La Divina Increnca: Poesia, Teatro, Prosa-Poema

Módulo I: A Poesia

O primeiro módulo de *La divina increnca* é composto por 39 poemas macarrônicos, distribuídos em 31 poemas no início do livro e 8 no final. Parte deles são paródias bizarras de autores românticos e parnasianos da literatura brasileira. A saber: Gonçalves Dias, Castro Alves, Casimiro de Abreu, Fagundes Varela, Raimundo Correia e Olavo Bilac. Há também um soneto satírico dedicado a Machado de Assis ("Círgolo Viziozo"), uma paródia ao "Corvo", de Edgar Allan Poe ("O Gorvo"), uma adaptação de Cyrano de Bergerac ("O Quexo"), na qual, em vez do nariz, valoriza o queixo do doutor Altino Arantes, e sua versão atualizada da história de Tiradentes ("A Storia du Tiradenteso").

Há ainda uma paródia a Luís de Camões ("Sunetto Crassico"), algumas "traduçó" de fábulas de La Fontaine, paródias de quadras caipiras ("Versignos Populáro", "Versignos", "Bcdario Poetico" etc.), paródias de canções em voga na época, como "Luar do Sertão", de Catulo da Paixão Cearense ("Ao Luar"), paródias futuristas ("Sunetto Futuriste", "Elli" etc.), além de dois belíssimos poemas também escritos na linguagem do Piques, "O Gazúa i a Polizia", de autoria do próprio Bananére, e "O Studenti du Bó Retiro" (uma interessante paródia aos versos franceses do pós-guerra de 1870, quando as províncias de Alsácia e Lorena passaram a integrar o território alemão), e algumas blagues aos políticos da época ("O Dudu", dedicado ao marechal Hermes da Fonseca etc.).

Os poemas paródicos de Bananére se compõem de várias tonalidades. Às vezes de uma pureza quase infantil, prédadá, como no seu "Bcdario Poetico", no qual ele imita os procedimentos comuns até hoje, entre crianças e adolescentes, de fazer versinhos com as letras do abecedário, ou com as iniciais do nome da(o) namorada(o), numa brincadeira de letras e significados. Por outro lado, tem a sofisticação formal de fazer ressoar, em cada verso, a própria letra em questão. Dou como exemplo a letra "G" e a letra "I":

"G"
*G*allo veglio bota ovo
U*g*uali come as *g*allinha;
Pidaço de te*g*lia e cacco,
Mandioca muida é farinha.

"I"
*I*nzima d'aqu*i*llo morro
Tê un brutto carrapató
P*i*ntado come una onça
I ma*i*ore ch*i* un tostó.

Nesses momentos mais leves de seu trabalho, mesmo nas blagues a algum figurão, o que impera é a postura de um menino troçador, como se pode ver na quadra da letra "H", em que ele faz uma piada ao queixo pronunciado do político Altino Arantes:

"H"
O H na lingua du Piques,
Non presta p'ra cosa nisciuna:
É come u guexo du Artino
Chi non cabi in parti arguna.

Deixando claro que na construção formal de sua "língua do Piques" ele praticamente não se utiliza da letra "h", por isso mesmo essa letra não está presente dentro dos versos de sua quadra. O mesmo procedimento estético, de explicar suas construções formais, como em "Bcdario Poetico", ocorre em vários momentos de sua obra. Por exemplo, em seus "Ver*signos* Populáro", em que no próprio nome da série ele já deixa a dica de que trabalha com *signos* populares contidos em versos, e não simples "versinhos".

Tegno una anamurada
Linda come un serafin;
Quano io passo in gaza della
Ella né oglia p'ra mim.
[...]
Quando Deuse fiz o mondo,
Uguali come una bolla,
Stava sintado ingoppa
"Da gartolla du Gartolla".

O mesmo espírito debochado, de criança feliz, o leva a construir paródias de músicas populares em voga na época, como o seu "Ao Luar", sobre a música "Luar do Sertão", de Catulo da Paixão Cearense. Mas nos seus poemetos de amor, na linha de "Versos", já com achados modernistas (O firmamento stá scuro/ I na rua os surdato apita,/ Inguanto nu ganto da sala/ Tu fica afazéno "fita"), Bananére ironiza o jogo amoroso (brinca inclusive com a palavra "spiada", semelhante a "piada", isto é: uma "espiada" que já é uma "piada"), deixando transparecer, ao destruir o conceito romântico de poesia, seu lado "antipatético" e "anti-sentimental".

Exemplo 1:

Ao Luar
(Gançonetta)
C'oa musica du luar do sertó

Si a lua nace
Atraiz da gaza du Mauriço,
Mais parece un quejo suisso
Pelo çeu adisparado.
Ai che vuntade di cumé illa intirigna

Bê mixida cun farigna
I misturada cun melado.

Non á coisa mais bôa,
Do que a lua andano atôa...

Exemplo 2:

VERSOS

Ficas n'un ganto da sala
P'ra fingi chi non mi vê,
E io no ôtro ganto
Stô fingino tambê.

Ma vucè di veiz in veiz
Mi dá una brutta spiada,
E io tambè ti spio
Ma finjo chi non ví nada.

Cunversas co Bascualino
P'ra mi afazê a gelosia,
Ma io p'ra mi vingá
Cunverso tambê c'oa Maria.

Tu spia intó p'ra Maria
Con ar di querê dá n'ella;
P'ra evitá quarquére asnêra
Si afasto i vô p'ra gianella.

O firmamento stá scuro
I na rua os surdato apita,
Inguanto nu ganto da sala
Tu fica afazéno "fita".

Marietta no segia troxa,
Non faccia fita p'ra gente,

Perchê vucê quêra ô non quêra
Io ti quero internamente.

Seu trabalho mais conseqüente, no entanto, está nas paródias cruéis em que ele questiona as seriedades "impostas e impostoras" da retórica tradicional. Quanto mais implacável sua crítica, mais vigorosa e incisiva fica a sua linguagem. Através da irreverência e do humor, Bananére destrói mitos e dessacraliza os versos nobres da literatura, revelando o jogo teatral das repetições e das construções poéticas solenes. Um bom exemplo é a paródia ao poema "As Pombas", de Raimundo Correia:

As Pombas

Vai-se a primeira pomba despertada...
Vai-se outra mais... mais outra... enfim dezenas
De pombas vão-se dos pombais, apenas
Raia sangüínea e fresca a madrugada...

E à tarde, quando a rígida nortada
Sopra, aos pombais, de novo, elas, serenas,
Ruflando as asas, sacudindo as penas,
Voltam todas em bando e em revoada...

As Pombigna
(P'ru aviadore chi pigó o tombo)

Vai a primiéra pombigna dispertada,
I maise otra vai disposa da primiéra;
I otra maise, i maise otra, i assi dista maniera,
Vai s'imbora tutta pombarada.

Pássano fóra o dí i a tardi intêra,
Catáno as furmiguigna ingoppa a strada;
Ma quano vê a notte indisgraziada,
Vorta tuttos in bandos, in filêra.

Outro bom exemplo de paródia dessacralizadora e implacável de Juó Bananére é o seu poema "Amore Co Amore Si Paga", sobre "Nel Mezzo del Camin...", de Olavo Bilac. Uma das obras-primas do chiste, ao lado de "Sunetto Crassico", paródia ao "Soneto" de Luís de Camões.

NEL MEZZO DEL CAMIN...

Cheguei. Chegaste. Vinhas fatigada
E triste, e triste e fatigado eu vinha,
Tinhas a alma de sonhos povoada,
E a alma de sonhos povoada eu tinha...

E paramos de súbito na estrada
Da vida: longos anos, presa à minha
A tua mão, a vista deslumbrada
Tive da luz que teu olhar continha.

Hoje, segues de novo... Na partida
Nem o pranto os teus olhos umedece,
Nem te comove a dor da despedida.

E eu, solitário, volto a face, e tremo,
Vendo o teu vulto que desaparece
Na extrema curva do caminho extremo.

AMORE CO AMORE SI PAGA
(Pra migna anamurada)

Xiguê, xigaste! Vigna afatigada i triste
I triste i afatigado io vigna;
Tu tigna a arma povolada di sogno,
I a arma povolada di sogno io tigna.

Ti amê, m'amasti! Bunitigno io éra
I tu tambê era bunitigna;

Tu tigna uma garigna di féra
E io di féra tigna una garigna.

Una veiz ti begiê a linda mó,
I a migna tambê vucê begió.
Vucê mi apisô nu pé, e io non pisé no da signora.

Moltos abbraccio mi deu vucê,
Moltos abbraccio io tambê ti dê.
U fóra vucê mi deu, e io tambê ti dê u fóra.

Soneto

Sete anos de pastor Jacó servia
Labão, pai de Raquel, Serrana bela;
Mas não servia ao pai, servia a ela,
E a ela só por prêmio pretendia.

Os dias, na esperança de um só dia,
Passava, contentando-se com vê-la;
Porém o pai, usando de cautela,
Em lugar de Raquel lhe dava a Lia.

Vendo o triste pastor que com enganos
Lhe fôra assim negada a sua pastora,
Como se a não tivera merecida,

Começa de servir outros sete anos,
Dizendo: — Mais servira, se não fôra
Para tão longo amor tão curta a vida!

Sunetto Crassico

Sette anno di pastore, Giacó servia Labó,
Padre da Raffaela, serrana bella,

Ma non servia o pai, che illo non era troxa nó!
Servia a Raffaela p'ra si gazá c'oella.

I os dia, na esperanza di un dia só,
Apassava spiano na gianella;
Ma o paio, fugino da gumbinaçó,
Deu a Lia inveiz da Raffaela.

Quano o Giacó adiscobri o ingano,
E che tigna gaido na sparrella,
Ficô c'un brutto dun garó di arara.

I incominció di servi ottros sette anno
Dizeno: Si o Labó non fossi o pai della
Io pigava elli i lí quibrava a gara.

Nessa linha de apropriações poéticas, Bananére tem uma série de peças explosivas, nas quais nem sempre a intenção é apenas de ridicularização, mas de recriação poética. Um bom exemplo é "Migna Terra", paródia da "Canção do Exílio", de Gonçalves Dias, precursora de uma série de outras recriações do mesmo poema que seriam feitas pelos modernistas Oswald de Andrade, Carlos Drummond de Andrade, Murilo Mendes e Cassiano Ricardo.

"Migna Terra" não é apenas uma paródia cômica do poema de Gonçalves Dias, mas um "canto paralelo", pois ao mesmo tempo em que ironiza seus aspectos ufanistas e patrioteiros, presentifica o tema, atualizando-o para uma nova situação. Através do conflito operativo de dois idiomas — o italiano e o português — e sua resultante na invenção de uma nova linguagem, traz à tona um momento histórico diverso daquele cantado pelo poeta romântico. Bananére, nessa paródia, realiza uma espécie de "Canção do Exílio" às avessas, na qual o exilado não é mais o saudoso poeta desterrado de sua terra, mas o emigrante que adota como sua uma outra pátria. Ao lado do elemento natural da terra, aprende a gostar desse novo lugar.

Migna Terra

Migna terra tê parmeras,
Che canta inzima o sabiá.
As aves che stó aqui,
Tambê tuttos sabi gorgeá.

A abobora celestia tambê,
Che tê lá na migna terra,
Tê moltos millió di strella
Che non tê na Inglaterra.

Os rios lá sô maise grandi
Dus rio di tuttas naçó;
I os matto si perdi di vista,
Nu meio da imensidó.

Na migna terra tê parmeras
Dove ganta a galligna dangola
Na migna terra tê o Vap'relli,
Chi só anda di gartolla.

"O Studenti du Bó Retiro", poema sério-cômico de Juó Bananére, se inclui nessa mesma linha construtiva de paródias que retratam os sentimentos do emigrante desterrado de seu país, mas que assume com orgulho uma nova pátria. Nesse belíssimo trabalho, Bananére demonstra todo o vigor de sua linguagem e sua extraordinária capacidade de construir retratos sociais, além de dar vazão ao seu lado mais poético e menos agressivo e à sua identificação com a atitude viril e anarquista dos ítalo-paulistas:

O Studenti du Bó Retiro
Poisia Patriotica
(Premiata c'oa medaglia di pratina na insposiçó da Xéca-Slovacca i c'oa medaglia di brigliantina na sposiçó internazionale da Varzea du Carmo.)

Antigamenti a scuola era rizogna e franga;
Du veglio professore a brutta barba branga,
Apparecia um cavagnac da relia,
Che pugna rispetto inzima a saparia.
O maestro éra um veglio bunitigno,
I a scuóla era nu Bellezigno,
Di tarde invéiz, quano cabava a scuola,
Marcano o passo i abaténo a sola,
Tutto pissoalo iva saino in ligna,
Uguali come un bando di pombigna.
Ma assì chi a genti pigliava o portó,
Incominciava a insgugliambaçó;
Tuttos pissoalo intó adisparava,
I iva mexeno c'oa genti chi passava.

Oggi inveiz stá tutto mudado!
O maestro é um uómo indisgraziado,
Che o pissoalo stá molto chétamente
E illo giá quére dá na gente.
Inveiz un di intrô na scuóla un rapazigno
Co typio uguali d'un intalianigno,
O perfilo inergico i o visagio bello.
Come a virgia du pittore Rafaello.
Stava vistido di lutto acarregado,
Du páio chi murreu inforgado.
O maestro xamô elli un dia,
I priguntô: — Vucê sabe giograffia?
— Come nó!? Se molto bê si signore.
— Intó mi diga — aparlô o professore —
Quale é o maiore distritto di Zan Baolo?
— O maiore distritto di Zan Baolo,
O maise bello e ch'io maise dimiro
É o Bó Ritiro.
O maestro furioso di indignaçó,
Batte con nergia u pé nu chó,
I gritta tutto virmeligno:
— O migliore distritto é o Billezigno.

O RIGALEGIO

Dromedario Inlustrato

ANARCHIA, SUCIALISMO
LITERATURA, VERVIA
FUTURISMO, CAVAÇO'

Organo Indipendento do Abax'o Pigues i do Bó Retiro

PRORPIETÁ DA SUCIETÁ ANONIMA JUÓ BANANÈRE & CUMPANIA

Re'attore e Direttore: JUO' BANANÈRE | 1913 | REDAÇO' I FICINA: Largo do Abax'o Pigues pigéo co migatorio

O NATALE

O Natale é uma robba che insigna p'ra genti come fui o nascimente di Gristo.

Io non acunheci elli, pur causa che quano illa vignó p'ru mondo, io non tenia nascido ancòra.

Io só acunheci o Pietro Caporale, o Gristo foro Golombo, o Carlomcigno ecc. ecc. Ma cunformo dize a storia, Gristo nascê inzima una goxêra chi tenia na Venida du Çerço Garça nu Braiz, nu anno numaro zéro.

Illó, desdi pichinigno che fui aguia p'ra burro. C'os indade treiz annoses illo fui inda a gaza dus, settesabie da Grezia i imbroglio tuttos di una veiz.

Illo xigô p'ru prindiere, che si schamava Malachia i preguntô:

— Siô Malachia, si fô gapase mi diga o chi é una robba chi guanto maise a genti tira ma'se grandi fica.

— E' o buraco, dissi o Malachiei.

I Gristo arispondê: — Nou é.

— Intò o chi è, apriguntô o Malachia.

— E' a farta di aramo. A genti tê una gartêra xiigna di aramo; intó a gent vai tirano o ramo, vai tirano i gada veze a farta di aramo é maise grandi.

I assi fiz illo p'rus sette sabio che ficàro tuttos babano di dimiraçó.

Con sette anno di indade u Ré mandó g rta u piscoço delli. Intó u pàio delli, o San Giuseppe pigô elli i indisgambô p'ru matto andavo illo vivê té a indade di trent staê annoses.

Intò illo sai p'ru mondo pregano a religió.

Ma inveiz, pur causa di una brutta farta di sorte, illo xigô in Minases, andove ficô cunheceno o Venceslao Braza, tambê scamadi giudase, i pigô una brutta mizade c'oelli.

Café Guarany
O MAISE COTUBA
Rua 15 de Novembro

O studenti du Bó Ritiro

Antigamenti a scuola era risogna i franga;
Du veglio professore a brutta barba branga,
Aparecia un gavagnack da relia,
Che punha rispetto inzima a saparia.
O maestro era un véglio bunitigno,
I a scuola era nu Billezigno.
Di tardi inveiz, quano cabava a scuola,
Marcano o passo i abatino a sóla,
Tutto pissoalo iva saino in ligna
Uguali, come um bando di pombigna.
Ma assi chi a genti pigliava o portò,
Incominciava a insgugliambaço;
Tuttos pissoalo intó adisparava,
I iva mexeno c'ca genti chi apassava.

Oggi tutto inveiz stá mudado!
O maestro é un nòmo indisgraziado,
Che o pissoalo stá molto chietamente
E illo giá quére dá na genti.
Inveiz un dì intró na scuola un rapazigno,
Co typio uguali d'un intalianigno,
O perfilo inergico e o visagio bello
Come a virgia du pittore Raffaello.
Stava vistito co lutto acarregado,
Du paio che murreu inforgado,
O maestro xamô elli un dia
I preguntò: — Vucê saba giografia?
— Come nò!? Sê molto bê si zignore.
— Intó mi diga — aparlô o professore —
Quale è o maiore distritto di Zan Baolo?
— O maiore distritto di Zan Baolo,
O maise bello e ch'io maise dimiro,
E' sê duvida o Bó Ritiro.
O maestro furioso di indignaçò,
Batte con nergia o pé nu chó
I grida tutto virmeligno:
— O migliore distritto è o Billezigno.
Ma u aguia du piqueno inveiz,
C'oa brutta carma disse otraveiz:
— O distritto che io maise dimiro
E' sè, duv da o Bó Ritiro!
Intó o maestro con una brutta indignacò
Si alivantò da mesa come un furacò
Pigò un puntapé nu minino
I butô illo nu oglio da rua.

I quano fui nu dia otto du Feverêre du anno numaro trentatrê illo fui nu tempro i incontrò lá u Yico do Boteghino avendeno cafè co pon quante. Aòra, vibranti di indignimacó, Gristo, pigô uma brutta sóva di pán p'ra elli, O indisgraziato do Xico inveiz fui direttigno dá parti p'ru Lacarato chi prumettê trintos dinhero p'ra chi ind scobriva andove é chi stavo scondido o Gristo.

O Giudase che era un indisgraziato p'ra agingà nu bisco, tavo istu die con un brutto parpito na barbuleta i non tenia aramo p'ra agingá.

I sabê o chi fiz aquillo miserabile?

Avendê o Gristo p'rus trinta dinhêiro.

Disposa, agiudiàro molto di Gristo, butáro una garona di spigno ingoppa a gabeza, delli, gasparo nelli, ecc. ecc., i pregáro illo na ruiz.

Disposa di treiz dia illo murrê, ma quano o pisovalo furo pigá elli p'ra interrà, illo subi p'ra çéu come un rojó.

EXPERIENTE

ARTIGOLO I — Chi insignà o *Pirralh* non apaga o *Rigalejo*.
ARTIGOLO II — Chi nou insignà apaga trezentò.
ARTIGOLO III — Istu giurnale è o organo diffensore da proteçó p'ru animale.
ARTIGOLO IV — Du Hermeze da Funsega tambê.
ARTIGOLO V — Chi non vutá n o Luig Vampa p'ra governatore da Repubbliga sará esgulhambato nos artigolos du *Rigalegio*.
ARTIGOLO VI — Non si ricebe nè si disinvorve origali.

Juó Bananère
Girente

Bar Baró
CHOPP ALLEM
a duzentò

Gilea di mocotó
O doloe d moda
Chi non come gilea, non é xique
Si vende no Guarany, na Letteria

Em "O Rigalegio" de 1913, Bananére publica "O Studenti du Bó Ritiro", que reproduzia o sentimento de orgulho dos ítalo-paulistas pelos bairros de adoção.

Ma u aguia du piqueno inveiz,
C'oa brutta carma disse otraveiz:
— O distritto che io maise dimiro,
É o Bó Ritiro!
O maestro, virmeglio di indignaçó
Alivantô da mesa come un furacó,
I pigano un mappa du Braiz
Disse: — Mostre o Bó Ritiro aqui si fô capaiz!
Aóra o piqueno tambê si alevantô
I baténo a mon inzima o goraçó,
Disse: — O Bó Ritiro Stá Aqui!

São interessantes também as "traduçó" bananéricas das fábulas de La Fontaine "O Lobo i o Gorderigno", "O Molero, o seu Figlio i u Burigno", "A Cigarra i a Furmighia", e sua "traduçó futuriste" de "O Gorvo i o Raposo", em que a solução futurista se encontra no final da fábula:

O Gorvo, danado da a vida,
I co o logro che illo livô,
Pigô un pidaço di górda
I s'inforcô.

Nessas fábulas, ao traduzir o poema original para a linguagem do Piques, Bananére promove uma oportuna tradução da tradução. Sua versão plebéia dessas fábulas autentica a veracidade daqueles que de fato sofrem todos os autoritarismos e as injustiças sociais. Um bom exemplo é o seu "O Lobo i o Gorderigno", que reproduzo a seguir:

O Lobo i o Gorderigno
(Fabula di Lafontana
Traduçó du Bananére)

Un dia n'um riberó
Chi tê lá nu Bellezinho,

Bebia certa casió
Un bunito gorderigno.

Abebia o gorderigno,
Chetigno come un *Jurití*
Quano du matto vizigno
Un brutto lobo saí.

O lobo assí che inxergô
O pobre gordêro bibeno,
O zoglios arrigalô
I lógo giá fui dizeno:

— Olá! ó sô gargamano!
Intó vucê non stá veno,
Che vucê mi stá sujano
A agua che io stô bibeno!?

— Ista é una brutta galunia
Che o signore stá livantáno!
Vamos zamá as tistimunia,
Fui o gordêro aparlano...

Non vê intô Incelencia,
Che du lado d'imbaixo stó io
I che nessun riberô ne rio,
Non górre nunca p'ra cima?

— Eh! non quero sabê di nada!
Si vucê non sugió a agua,
Fui vucê chi a simana passada
Andó dizeno que io sô un pau d'agua.

— Mio Deuse! che farsidade!
Che genti maise mentirosa,
Come cuntá istas prosa,
Si tegno seis dia d'indade?!

— Si non fui vucê chi aparlô,
Fui un molto apparicido,
Chi tambê tigna o pello cumprido
I di certo chi é tuo irmô.

— Giuro, ó inlustre amigo,
Che istu tambê é invençó!
Perché é verdade o che digo,
Che nunca tive un ermô.

— Pois se non fui tuo ermô,
Cabemos con ista mixida;
Fui di certo tuo avó
Che mexê c'oa migna vida.

I avendo accussi parlato,
Apigó nu gorderigno,
Carregó illo p'ru matto
I cumeu illo intirigno.

MORALE: *O que vale nista vida é o muque!*

MÓDULO II — TEATRO

O TEATRO FUTURÍSSIMO DE JUÓ

Na segunda parte de *La divina increnca*, está a peça *A ceia dos avaccagliado*, um "antiteatro" paródico da peça *A ceia dos cardeais* (1902), do teatrólogo português Júlio Dantas, que Bananére chamou de "peça in 1 attimo".

A peça de Bananére é uma mistura estranha de teatro de variedades com temática italiana, muito comum em seu tempo, e dos *happenings* futuristas de textos curtos, *nonsense* e sensacionalismo: é uma "peça-minuto", de um ato.

Os diálogos instantâneos e dinâmicos surpreendem pela contundência e pela alusão às últimas invenções da época (cinema, aeroplano etc.) incorporadas no discurso:

Bigudgino (lyrico)
Oh! non! non diga isso Garonello...
Ricordá o passado é molto bello!
É fazê apassà nu pensamento,
A nostra vita intêra n'un momento;
É mudà o pensamento n'un cinema
I vê passà a vita come un poema

Algumas frases são achados poéticos marcados pela modernidade temática, fazendo o espectador se lembrar de que, descoberta a velocidade, o mundo não seria mais o mesmo:

O tempo passa come un éreoplano!
O diabo sfréga un ôglio, passa un anno.

A ceia dos avaccagliado retoma o procedimento habitual de boa parte das crônicas em jornal de Juó Bananére: utiliza-se do macarronismo e da paródia para ridicularizar a vida política e a literatura oficial de seu tempo.

Na primeira metade do século XX, o nome de Júlio Dantas ocupou espaço importante não só em Portugal, como também no Brasil, onde atingiu um grande público. Só aqui, até 1960, *A ceia dos cardeais* teve 42 edições.

Sobre Júlio Dantas, comenta o historiador Joaquim Ferreira que "queriam alguns ver nele o último abencerragem dum academismo retardatário, e vaiavam-no com dictérios indignos de intelectuais. Presidente muitas vezes da Academia de Ciências de Lisboa, colaborador de periódicos prestigiosos, os cartazes afixavam-lhe as peças, e o público ovacionava-as. Os vanguardistas, porém, não se continham nos desdéns contra a sua obra".[3]

Na época de Bananére, Júlio Dantas ainda não havia

---

[3] Joaquim Ferreira, *História da literatura portuguesa*, Porto, Domingos Barreira, 1971, 4ª ed.

sido desmoralizado pelas vanguardas. Pelo contrário, era um dos autores que participavam da literatura necrosada e decadentista dos salões. O teatrólogo português se adequava perfeitamente ao mesmo público admirador de Olavo Bilac e do Parnasianismo.

Não foi por acaso que o inconformista Bananére foi parodiar justamente essa peça, transformando-se logo num dos primeiros autores modernos a ridicularizar o teatrólogo. Com esse procedimento, Bananére se mostrou, inclusive, mais avançado do que alguns modernistas famosos, como Menotti Del Picchia, que usou como prefácio de seu poema pré-modernista "Juca Mulato" (1917) um artigo elogioso de Júlio Dantas.

Integrada ao espírito geral de *La divina increnca*, a peça *A ceia dos avaccagliado* não abre mão em nenhum momento dos "rebaixamentos" e da transposição da linguagem falada para a escrita. As frases estropiadas, com duplo sentido, ágeis e antieloqüentes dos diálogos de Bananére promovem uma verdadeira guerrilha estética às nobres construções da versão original.

Não existe nenhum registro sobre a encenação dessa peça. Não se pode saber se ela foi levada aos teatros ou se é apenas uma paródia literária do gênero teatral. As alusões aos clássicos da dramaturgia, como Shakespeare, são constantes.

Duas Ceias em 1 Attimo

A ceia dos cardeais é toda escrita em versos alexandrinos. A peça tem três personagens centrais: o cardeal Gonzaga de Castro, camerlengo; o cardeal Rufo, espanhol e deão do sacro-colégio; o cardeal de Montmorency, francês e bispo de Palestrina. Toda a peça se passa no Vaticano, no pontificado de Benedito XIV, no século XVIII.

Na releitura carnavalizada de Juó Bananére, a peça se passa "nun gabinetto particulare du Ristoranto du Xico", no "Abax'o Piques". E as alusões a escolas, dramaturgos famosos, peças e personagens teatrais clássicos (misturadas com vultos históricos em situações cotidianas) surgem até nas indicações cênicas:

> Inda a parede, moltas figura da guerre turco-intaliana: — un ritrato da Tosca si atiráno du viaduttino; Ottelo quiréno prigá a mó na Desdemona; un ritrato du Garibaldi; O mappa da guérre. Nu centro, una mesigna molto safada, goberta c'una toaglia tutto sugia di vigno — Nu fundo una porta — A direita, duas gianella — Loça di barro molto ordinária. Un xirigno di "kepi" na sala intêra. Un lampió di garozene pindurado na parede.

Os personagens principais da ceia bananérica são os "avaccagliados" senador Rodolfo Miranda, o "Capitó, fabricante di fazenda" (em vez de fazendeiro), coronel José Piedade, o "Garonello" ("gandidato cronico di tuttas inleçó"), e Bigudigno ("veterano da guerre co Paraguayo"), que, entre um prato e outro e eventuais discussões, vão contando nostalgicamente para o espectador como "quase" conseguiram ser alguém na política.

Em sua "ceia", semelhante às comilanças típicas do realismo grotesco, à medida que seus avacalhados personagens vão se aprofundando em suas crises existenciais, vão se afundando também na comida. Na versão de Bananére, os três políticos paulistas, numa sofreguidão embevecida de delírios de poder, são animais que num compasso "lyrico", "allegro", "ippico", "tragicco", "indignado", "sgandalizado", em atropelo, confundem-se com o próprio prato que comem:

> *Garonello* (servino)
> Temos aqui un lindo leitózigno.
> Vucê quére un pidaço, Bugudigno?
> Stà ridondo uguali d'una bolla!
> Né sê come illo intrô na gaçarolla.
> To gordigno chi stá.

Bigudigno p'ru *Garonello*
Molto brigado.
Non sô amigo di leitó assado.

Garonello p'ru *Capitó*
I vucê, Capitó? Stá bê moligno.

Capitó (passano o prato)
Vamos a vê un pidaço du rabbigno.

Garonello (servino)
Ai tê u seu rabbo, Capitó.

Capitó (zangado)
Meu rabbo, nó signore! o do leitó.

Garonello
Stá cráro, do leitó.

Os políticos da época, através das três máscaras bufas das personalidades reais, são completamente escarnecidos em seus sonhos mesquinhos de poder. O teatro, na verdade, representa suas aspirações e a absurda tragicomédia política de que participam. Na peça original de Júlio Dantas, enquanto os cardeais ceiam, rememoram amoricos da juventude. A linguagem dos personagens-tema acompanha o caráter e a índole nacional dos interlocutores: espirituosa no francês Montmorency, fanfarrona no espanhol Rufo e sentimental no português Gonzaga. Como diz Joaquim Ferreira, "os personagens discreteiam em versos alexandrinos, à melhor maneira de Edmond Rostand no *L'Aiglon* representado em Paris no ano de 1901, e no coruchéu da fama. E centelham as ironias, repuxam as bravatas, tremulam harpejos românticos em hemistíquios como arco-íris de tons deleitosos"[4].

[4] *Idem.*

Na blague bananérica, enquanto ceiam, os três personagens "avaccagliados" (provável aglutinação de avacalhados e cagados) rememoram suas decepções políticas. A linguagem dos personagens-tema, numa espécie de ópera bufa, acompanha a índole e o caráter de cada um deles, variando entre o trágico, o lírico e o épico, numa constante alusão aos três estilos clássicos da arte teatral, mas que no linguajar de Bananére viram "tragicco", "lyrico" e "ippico" (relativo ao hipismo ou a cavalos). Por exemplo:

Capitó (ippico)
O tempo passa come un éreoplano!
O diabo sfréga un ôglio, passa un anno [...]
Veloiz come una balla di gagnó.
I né mesimo un lugár di deputado
Acunsegui cavá! Sempre barrado!
Che politica maise ingratamente...
É até gapaze di amatá a gente.

Nesse texto quase todo referencial, por vezes as alusões se estendem a diálogos de dramaturgos célebres, como Shakespeare. Por exemplo:

Bigudigno (tragicco)
Murrê o non murrê! ecco a questó.
Ma si a genti te mesimo di murrê,
Intó perche chi a genti á di nascê?
Di vim p'ra istu mondo indisgraziado
I stá vivéno aqui sempre barrado?
Perche?

Na peça de Júlio Dantas, as recordações do amor-aventura espanhol e do amor-galanteio francês são superadas, no final, pela concepção do amor-simplicidade português, do cardeal Gonzaga.

No final de *A ceia dos avaccagliado*, rememorando suas aventuras no governo do "Hermezzo" (Hermes da

Fonseca), os personagens concluem, com toda a "simplicidade", que o mais "avaccagliado" de todos foi "Bigudigno" ("veterano da guerre co Paraguayo"), que jamais conquistou posto algum, apesar de todas as promessas do marechal.

A ceia dos avaccagliado, através dos processos paródicos e de *nonsense*, se constrói sobre o absurdo. Assim como os futuros autores de vanguarda dos anos 1950, do chamado Teatro do Absurdo, nesse seu rápido "teatro em 1 attimo" Bananére soube explorar com perfeição as "realidades" da condição humana. Tal como Ionesco faria depois, induz ao humor pelo absurdo e, através deste, realiza a crítica social.

Mais ainda: como os autores do novo teatro que surgiria, não fala do absurdo, mas instaura o absurdo em cena tal como é. Em *A ceia dos avaccagliado*, o próprio significante (consubstanciado na presença dos personagens, nos diálogos, gestos, enfim em todos os signos que surgem em cena) traz em si o significado que pretende transmitir.

Nesse aspecto, *A ceia dos avaccagliado* é um autêntico Teatro do Absurdo, pois como explica o ensaísta Eudinyr Fraga, "o Teatro do Absurdo não é um discurso sobre alguma coisa, é a própria coisa referendada [...]. Os dramaturgos do Absurdo se servem dessa linguagem para analisar de maneira racional e altamente intelectualizada um universo que lhes parece enigmático e hostil"[5].

Dessa mesma maneira moderna e cerebral, também Juó Bananére sublinha a "desarmonia da condição humana", mas com uma diferença fundamental: ao "estado de angústia metafísica" diante da consciência da queda, tema central dos autores do Absurdo, ele propõe o riso libertador e carnavalesco próprio de sua arte.

Para definir o tipo de dramaturgia proposto por Juó

---

[5] Eudinyr Fraga, *Qorpo-Santo: surrealismo ou absurdo?*, Coleção Debates, nº 212, São Paulo, Perspectiva, 1988.

Bananére, podemos considerar que seu teatro é o mais realista dos teatros anti-realistas. Como em toda sua obra, também no seu teatro ele deforma a realidade através da paródia e do absurdo para mostrar, pelo transbordamento, a própria realidade. Pelo avesso e pelo espelhamento distorcido do real, a verdade se apresenta.

Nesse seu teatro, que é uma escritura paródica de modelos teatrais conhecidos, a caricatura não se restringe aos fatos e personalidades reais, mas está presente também no discurso: seu teatro é feito por blagues verbais estropiadas. Sua concepção está mais voltada para o texto do que para outros elementos cênicos (vestuário, gestual etc.). Seu teatro versa sobre a representação teatral e a própria representação do ser humano dentro do papel social que lhe cabe em vida.

Na pequena amostragem de uma dramaturgia bananérica, o que se faz presente é um teatro do absurdo metalingüístico e carnavalesco.

Módulo III: A Prosa

"Crimos Celebros": Uma Prosa-Poesia Sobre a Crônica Cotidiana

A terceira parte do livro, a prosa "Crimos Celebros", é composta por duas crônicas jornalísticas que já haviam sido publicadas em *O Pirralho* em 1914: "A Tragédia nu Láro (Io Amatê a Juóquina)" e "Grime Rroroso (o Figlio chi Deu una Facada na Máia)". São paródias às manchetes policialescas, de crimes do período, como o assassinato de Luiggi Russo por Maria Janibelle, a quem ele difamava, publicado na revista *Careta* de 3 de fevereiro de 1912.

Esse, sem dúvida, é o módulo mais singular e importante de todo o livro *La divina increnca*. Nos textos que compõem seu "Crimos Celebros", Bananére foi o precursor de uma prosa ágil, moderna, sintética, influenciada pelo cinema e pelas crônicas de jornal, e que acabariam por influenciar, consciente ou inconscientemente, boa parte dos escritores modernistas.

"Crimos Celebros" pode ser considerado um divisor de águas da literatura urbana brasileira. São duas prosas fragmentárias, vivas, com textos curtos e subtítulos antes de cada fragmento, inaugurais da paródia jornalística em literatura. Um recurso que depois seria muito utilizado por nomes como Manuel Bandeira, Alcântara Machado, Oswald de Andrade, Mário de Andrade e outros.

Nas duas narrativas de "Crimos Celebros", temos um desfile da família do personagem Juó Bananére: sua mulher Juóquina (que ele "amato com tanta cuvardia"), sua filha Gumerlinda, seu genro Garluccio, seu neto Semanigno.

O primeiro texto, "A Tragedia nu Láro", narra a história de um crime passional cometido pelo próprio "poete e giurnaliste" do Abax'o Piques contra sua mulher Juóquina (extensão do nome Juó), quando soube pelo *Pirralho* que ela estava namorando o "poeta futurista", "signoro Milio Di Menezos" (uma brincadeira com a poesia lírica do mordaz Emílio de Menezes, na época colaborador de *O Pirralho*).

No quarto fragmento de "Tragedia nu Láro", intitulado "O Conquistadoro", está a chave para a compreensão da prosa de Juó Bananére e também de toda sua *La divina increnca*. Diz Bananére:

> Fui aquillo poeta figlio da máia chi vignó aqui, só pur causa di iscugliambá c'oa tranquillidadi do làro. Aóra io vô baté un duello c'oelli.

Ao colocar Emílio de Menezes como o pivô da discórdia no lar, Bananére está se referindo também à poesia do escritor boêmio e não apenas à casa/caso do personagem-tema. Pois, ao realizar a "Tragedia nu Láro", Bananére instaura um duelo literário entre sua forma de escrever e o padrão estabelecido no período, emblematizado na figura de Menezes, que apesar de ser uma personalidade irreverente e satírica, mantinha em sua obra o padrão parnasiano.

O RIGALEGIO

Dromedario Inlustrato

ANARCHIA, SUCIALISMO
LITERATURA, VERVIA
FUTURISMO, CAVAÇO'

Organo Indipendento do Abax'o Pigues i do Bó Retiro

PRORPIETÁ DA SUCIETÁ ANONIMA JUÓ BANANÈRE & CUMPANIA

Re'attore e Direttore: JUÓ' BANANÈRE | 1913 | REDAÇO' I FICINA: Largo do Abax'o Pigues pigado co migalorio

A TRAGEDIA NU LA'RO

Io amatê a Juóquina

Guintaffera as otto ores da notte incominció di currê na cittá a nutiça di un brutto grimo cuntecido no Abax'o Pigues.

Si diceva che io tenia matado a Juóquina mia molhére c'um settes tiro i quattros facada.

Pur causa da brutta gonsideraçó che io c'oa Juaquina gezava nu meio succiali i nas roda giurnalistima as porta das redaçó di tuttos giornale, specialmente as porta du « Piralhu » stavo gumpletamento xiigno di genti che queriva sabê os pormenoro do roroso grimo.

Os precedento

Fá uno mesemeio o duos mese, o « Piralhu » impubricò una nutiça dizeno che o poete futuriste, signoro Milio Di Menezos vigna tuttas settimana qui in Zan Baolo pur causa di anamurá a Juòquina mia molhére.

Intó io che non só troxa p'ra burro fiquê c'oa parga atraiz da oreglia i cuminciai di spiá o geitó dos duos i intó osservê chi tuttas veze che o Milio iva inda a mia gaza a Juóquina carçava sempre un vistido nuóvo, butava pó di arrozo i gremo Simó na gara, garçava as butigna di vernizio i iva nu migno saló pur causa de io in respá os gabello p'ra ella.

O Milio inveiz traziva sempre uno prezentigno p'ra Juóquina. Unas veze traziva duzentó di balla, otras veze un vestido nuóvo, o intó un sunetto futturiste.

Porca miseria! Intó io dissi: — Stó sendo inganado!! ma vuceis mi apaga sô figlio da máia! . . . .

CAFÉ GUARANY
O CAFÉ MAISE CHIC DI ZAN BAULO

O grimo

Intó, quano fui quintafera di manhá cidigno io aprontté a mala i dissi p'ra Juóquina che iva afazê un viaggio no Sant'Amaro i só vurtava amanhá di tarde.

Uh! mamma mia! che sinvirgogna a Juóquina. Ficó alegra p'ra burro, ma inveiz pigó di fazê fitta cumigo.

— Non vá Juósigno! Io fico trista si vucê i! palavria di Deuse!...

— Eh! ma io priciso i, pur causa che io vó afazê una gaçada co cumpadro Capitó i tegno di matá treiz coeglio che io promitti p'ra illo.

— Ah! ingratto!

— Non é, Juóquina! io ti quéro bê p'ra burro, ma non posso dixá di i.

O ultimo ritratto da Jo quina

Aóra si dispidimoses c'na brutta xuradêra che fiz a Juóquina e io fui s'imbora.

Uh! che mintira! io non fui p'ra Sant'Amaro né nada. Io fui diritigno p'ra vendigna da squina i fiqué lá scondido té di notte.

Disposa, quano fui otto ores da notte io vim p'ra a gaza, divagarigno, divagarinho, abri a porta i intrê. Non tenia ninguê. Intó io fui inda a porta do migno guarto i spiê p'ru buraco da fixadura.

Dio! come mi fiz male alla testa! Stavo lá dentro a Juóquina, sintada na biradigna da gama i o Milio di Menezos joegliado inzima dus pé da Juóquina, dizeno ûa purçó di versos p'ra ella.

Intó tuttos sangue mi subiro inzima a gabeza e io buté os ombro na porta i intrê. O Milio ansi che mi ví puló a gianella e indisgambô.

Aóra io fui diritigno inzima da Juóquina che stava maise branga di uma foglia di papelo i discarreguê un tiroteio di bala na gabeza della.

Pum! pum! pum!... settes tiro na gabeza. I disposa che illa giá stava nu chó quasi morrida io preguê inda maise quattros facada nu goraçó della.

Intó os pissoalo che senitô o barnglio, currêro pur causa di sabê o chi é e io fui livado p'ra gadêa, no intomobile da Viuva-Alegre.

Eh! che c'importa! Io inveiz digo come o Israelo chi amatô o arferes Galligna. — Tegno gunfianza nu Gioryo.

Sí signore! pur causa che illos non á di gondená un nómino só pur causa di matá a molhére.

O ritrato do conquistadóro

Istu é o ritrato do conguistadoro. Quello poeto figlio da máia chi vignò aqui, sò pur causa di inscunharabá c'oa tranquilidadi do láro. Aòra io vò baté un duello c'oelli.

O çassino

O çassino sò io, Juó Bananére, nòmino morto cunçetudo nas roda pulitica i suciali i uno dos migliore barbiere di Zan Baolo.

Sò giornaliste i tambê sò o primiére zanfoniste da banda do Fieramosca.

Nunca matê ninguê. Sò matê a Juòquina pur causa chi elli mi stava fazeno a traiçò.

A vamiglia sé máia

A vamiglia chi ficò sé má pur causa che io maté a mài dellis, furo: — *A Gurmigna* mái do migno netigno maise piquno; o *Beppino* che sta studano p'ra ingeniére i o *Ferrigno* chi é cumpadro do Capitò, pur causa che fui o Capitò, chi batisò illo. Io só o páis.

Urtima óra

Assurigna mesimo acabê di interrogado inda a gadêa.

— Come si xame vucê?

— Juò d'Abax'o Pigues Bananére.

— Guantos anno tê?

— Diciottos anno ingomplet...

— Che profissò tê?

— Barbiere, giornaliste i zanfoniste.

— Pur chê chi vucê amatô Juòquina?

— Pur causa che illa mi faceva a traiçò!

— Con che armases vucê amatô illa.

— Con duos rivorvero, *Smith* e un *Broconing*, con una faca i una garabina *Winchester*.

— Ondi vucê cumprô ist... arma?

— Inda a gaza D. Roq... da Silva, rua di San Ben... N. 22-A dove si incontra tutt... specie di garabinas, rivorve... gartucho, bala, capas impermeaves, cutelaria *Rodgers*, ecc. e p'rus prezzos maise baratos.

Bar Baró
CHOP GERMANIA — 200 reis

O primeiro episódio de "A Tragedia nu Láro", dentro das prosas fragmentárias "Crimos Celebros", inaugurava a paródia jornalística em literatura.

No "duelo" travado com o tipo de escritura de Emílio de Menezes, Juó Bananére contra-ataca com sua prosa simultaneísta, cinematográfica, feita de recortes cubistas e com base na realidade cotidiana.

Na ambigüidade de significado da forma verbal "fui", com sentido de "foi", o verdadeiro "figlio da máia" que vem "iscugliambá c'oa tranquillidadi do làro" é o próprio escritor macarrônico, ao propor uma nova estética literária.

Juó Bananére é um escritor construtivista; em sua prosa "Crimos Celebros" ele propõe uma literatura feita de jogos mentais ("celebros" no sentido de cerebral), em vez de inspirações e emoções baratas, ditadas pela literatura do período. Nessa sua "prosa-poesia", feita sobre recortes de jornal, como também em toda sua *La divina increnca*, Juó Bananére coloca a "nu" a própria tradição romântica e retórica da literatura brasileira (a verdadeira "tragedia nu láro" a que ele se refere).

Com seus "Crimos Celebros", o escritor macarrônico coloca em xeque a própria literária brasileira, que, segundo sua particularíssima concepção de escritura, estava assentada em históricos "crimos celebros"/crimes célebres contra a estilística. E, mais ainda, em celebridades ("celebros") como Emílio de Menezes, Olavo Bilac, Casimiro de Abreu etc., que não deixavam a "prosa-poesia" evoluir esteticamente.

A segunda crônica de "Crimos Celebros" chama-se "Grimo Rroroso". O personagem principal desta narrativa é seu neto Semanigno, o "figlio chi deu una facada na máia": um garoto de apenas "un anno di indade", que o personagem Juó Bananére define "alarmado" como "un distus gazo fenomenale di griminoso chi non amatô a máia anteso di nascê pur causa che non tenia una faca lá dentro".

"Grimo Rroroso" é uma continuação em notícias de "Tragedia nu Láro", e praticamente sintetiza todo o sarcasmo bananérico. As frases ambíguas, entre amenas e terríveis, aparecem sempre na medida certa de suas hilárias apreciações. Ele diz, por exemplo, que sua filha Gurmelina

O griminoso

O çaçino é o Semanigno San to, figlio da Gurmeligna, con guasi un anno di indade.

Pezar da piquena indade é

giá un grandi griminoso istu indisgraziato!

Tê meio metro di artitude i sessanta centisimetros di circun ferenza.

A çaçinada

A vittima fui a Gurmeligna, mia figlia maise veglia, gazi gnera furmada p'ra scuola p'ra normaliste.

E' una piquena morto cur-

retta, chi non é gapaze di afazê p'ro Garluccio come a Joaquina fiz p'ra mim.

Os mutive scientifigo

O Semanigno fiz o tentativo di çaçinato inzima da a mîia guidado inscrusivamente p'ra fatalidade.

O Semanigno é un *atarado!...* fui una vittima du tavisimo.

Si signore, pur causa che io sò çaçino, o Semanigno é migno nipoto, lògo illo tenia di sê ça-çino pur causa do tavisimo!

Em 1913, com seus "Crimos Celebros", espécie de literatura em quadrinhos, Bananére criou Semanigno, personagem pré-Macunaíma de Mário de Andrade.

é cozinheira formada pela "escola de normaliste" (uma blague à formação escolar das moças no período), e trata com jocosidade a reacionária Teoria do Atavismo, do criminalista italiano Cesare Lombroso, muito em voga na época.

Ao explicar os "motive scientifico" da tentativa de homicídio, o irônico Juó Bananére afirma que "o Semanigno fiz a tentativa di çacinato inzima da a máia guiado inscrusivamente p'ra fatalidade. O Semanigno é un *atarado*!... fui una vittima du tavismo. Si signoro, pur causa che io sò çaçino, o Semanigno é migno nipoto, logo illo tenia di sê çaçino por causa do tavisimo!".

Em "Grimo Rroroso", Bananére faz um retrato debochado dos policiais, que em sua narrativa são sempre estúpidos e atrapalhados. Ao ser preso, por exemplo, Semanigno é submetido a um interrogatório absurdo, no qual as perguntas dos investigadores são as mesmas de qualquer inquérito policial. Demonstrando pouco discernimento, os policiais desconsideram as características particulares do criminoso, por isso mesmo as conclusões a que chegam sobre Semanigno são insólitas imbecilidades:

> Inda a Centrale o Ruge Ramo [delegado famoso na época] fiz un brutto interrogatorimo inzima delli [...]
>
> Ruge Ramo — Guantos anno tê vucê.
>
> Semanigno — Un annoses.
>
> [...]
>
> RR — Quale é sua profissó?
>
> S — Vagabundimo.
>
> [...]
>
> RR — Ondi fui chi vucê axô a faca chi vucê deu as facada nella?
>
> S — Io arrubê da guzignêra.
>
> RR — Intò alê di tentativa di çaçinato vucê è ladrò?

Aproveitando o parentesco entre o tio Deodoro, assassinando a Monarquia, e o sobrinho Hermes da Fonseca, tentando matar a República, Voltolino critica a brutalidade da política de sua época.

A principal qualidade atávica de Semanigno é a irreverência que o leva, desde pequeno, a destruir a autoridade familiar, emblematizada na figura materna, e a autoridade do Estado, emblematizada no policial, que a todo momento ele engana.

Desrespeito às autoridades impostoras, ao poder e às instituições são na verdade as características anarquistas herdadas de seu avô italiano.

Com essa marca singular, Semanigno (espécie de pré-Macunaíma urbano) prosseguirá, maliciosamente, fugindo das armadilhas. Sua trajetória é ser preso, escapar, voltar à prisão, fugir de novo, dar uma surra no delegado, ser pego novamente, e, quando se pensa que ele está perdido, ocorre o final-surpresa.

Bananére vai à delegacia buscar notícias do garoto para o jornal. O delegado, depois de narrar ao avô da criança todas as dificuldades que teve para prendê-lo, afirma que desta vez Semanigno está perdido, que da prisão ele não sai mais. Diz Bananére:

> Io ingrandici molto p'ru Raissi i sai p'ra vim scrivè ista storia.
>
> Os vendedôre dos giurnà gridavano: — Oglia o Stà di Zan Baolo! A prisò do Semanigno!...
>
> Io xamê un piqueno: — Mi dà o Stà...
>
> — Pronto, migno avô!
>
> Era o indisgraziato do Semanigno.

Desmistificando Sistemas Éticos e Estéticos

Bananére, enquanto escritor, foi um desmistificador de sistemas políticos, sociais e estéticos. Em *La divina increnca*, através de suas paródias indiciais, repletas de referências a temas e personalidades do período, Bananére vai fazendo um painel de sua época. Nesse retrato, constantemente ele desmoraliza suas "personalidades": Rui Barbosa/Ri Barboza, Spenser Vampré/Spensero Vapr'élli, Mareschiallo ou Dudu/marechal Hermes da Fonseca etc.

Ruy Barboza plagiario

O Pirra'lho — Olhe seu Ruy, nós somos muito camaradas, mas afinal de contas quem descobriu que o Hermes era o maior propagandista de Dom Luiz, fui eu. Agora o snr. vem levantar a candidatura do Rodrigues Alves, ora veja o meu numero 372.

Rui Barbosa nas páginas de *O Pirralho*, nem sempre bem visto.

Ao parodiar a literatura nobre, aproxima o alto e o baixo, profaniza o sagrado, transforma o imutável, numa verdadeira carnavalização.

Surgindo num momento de expansão da emergente cultura de massa, a literatura de Bananére é sua síntese e sua negação, sua assimilação e sua crítica. Mordacidade e alegria. Suas crônicas "Crimos Celebros" são o ponto de encontro e de diferenciação entre o jornalismo e a literatura. Toda a sua obra acaba sendo um conflito e uma conjugação da cultura popular (e de massa) com a cultura erudita, dos valores acadêmicos com os valores modernistas.

Absorvendo as diferentes correntes e manifestações literárias existentes, ele aboliu graus de valor, importância e hierarquia. Em sua obra, de Camões à canção popular, tudo vira uma unidade motivadora do riso unificador e humanístico.

Em seu "Sunetto Crassico", por exemplo, releitura do "Soneto" de Luís de Camões, ele humaniza o personagem central, Jacó ("Giacó"), através da vulgarização de suas atitudes: "Si o Labó non fossi o pai della/ Io pigava elli i li quibrava a gara". Em "Tristezza", paródia de "Lembrança de Morrer", de Álvares de Azevedo, ele transforma o "suicida romântico" do *mal du siècle* no sofrido homem da rua: "Io dexo a vita come un tirburero,/ Chi dexa as ruas cê cava frigueiz;/ come un pobri d'un indisgraziato,/ chi giá ando na Centrale arguna veiz". Em "Uvi Strella", paródia de "Via Láctea", de Olavo Bilac, ele substitui a postura parnasiana do apaixonado que "escuta estrelas" pela do estudioso que consegue compreendê-las, pois "só chi giá studo astrolomia,/ é capaiz de intendê istas strellas".

Destruindo a aura da alta literatura, popularizando o erudito, tornando simples a linguagem do complexo, ele inverteu propositalmente os valores éticos e estéticos de sua época. Com sua prosa erudita traduzida em crônicas jornalísticas para *O Pirralho*, transformou a cultura de elite em cultura de massa, e, ao levar para a literatura a rua e sua fala ágil, ele tornava elite a cultura popular. Como parodiador carnavalesco, o poeta e escritor Juó Bananére profanizou a concepção de sagrado em literatura. Mas nele o sagrado vira profano de forma positiva: profanar significa "tornar possível", renascer.

Diario do Abax'o Piques

Preço $300

DIARIO SEMANALE DI GRANDE INPURTANZA

PRUPRIETA' DI UNA SUCIETA' ANONIMA CUMPRETAMENTI DISCONHICIDA

Direttore: CAV. UFF. JUO' BANANÉRE

ANNO I | Redarção e Administração: Rua 3 de Dezembro, 12 — 7.º andar. | Zan Baolo, 27 di Giuglio di 1933. | Officinas: Rua Xavier de Toledo, 72. | NUM. 13

A ORDIA DUS INGONFIDENTI

OS MINERO VENDÊRO O BONDI P'RU GUVERNIMO AFEDERALE — OROPRETTO FUI ADICRARADA MONOMENTO ANAZIONALE — MONOMENTO DI UNO, DI DUOS I ATE' DI TREIS DIVIDUO IO GIA' VI, MA DI UNA CITTA' INTERA? SO' MESIMO DI MINERO! — A ORDIA DUS INGONFIDENTI P'RA CHI AGIUDÔ A CAVA' U DEGRETTO MONOMENTALE

Segondo uno arricente digretto do dottore Gitulio Deunellas, Xeffe da Dentadura, fui adicrarada "monomento anazionale" a cittá di Oropretto, antica gapitale di Minagerais.

Io giá andava adisconfiato che istas visita di tanta genti grossa in Minasgerais urtimamenti, tenia arguno amutivo occurto, perché o che io non puteva imcomprendê, era chi us minêro chi só ingonomigo p'ra burro, stasse agastáno tanto dignêro in ospedagia i banchettos p'ra generales, ministrimos, ecc. ecc. sê alivá arguna vantagia grossa.

Ai stá a vantagia nu causo da cittá di Oropretto, che come monomento anazionale sará ingonservata da u guvernimo afederalo, chi vai tê da gastá lá uno sacco di dignêro per dia p'ra non dexá gaí as igregia veglia i os otro amonomento di lá, come a Casa dos gonto, a casa da Marilia co Dirceu, os xafariz, ecc. ecc., inveiz chi us minêro, p'ra cavá ista brutta vantagia, agastó appena unos gonto di reis di banchetto i maise nada.

Dista veze fui Minagerais chi vendeu o bondi p'ru Guvernimo Afederale.

Tambê a genti non podi arrigramá molto gontra o goitado du Xeffe da Dentadura di tê gaido distu gavallo magro, i di tê iscuitado as cunversa afiada dus minêro, perché minêro é mesimo uno bixo sperto p'ra burro! Non é atôa che illos tê gara di troxa, i anda p'ras rua fingino di gaipira...

Illos anda assi p'rus pobri penzá che illos non tê dignêro i non pidi smola p'rellis. Otra razó dus minêro andá nas rua con gara di gaipira du interiore, é p'ra vê si pesca arguno gamarada chi pricisa intregá arguno dignêro p'ra Zanta Casa, o chi tegna arguno biglietto apremiato da lutaria p'ra arricebê. Illos pega logo o pacoti da Zanta Casa e o biglietto, dá unos doiz per cento di garantia p'ro troxa chi ia intregá u dignêro p'ra Zanta Casa o arricebê o biglietto apremiato i pega u primiéro trenhes p'ra Minagerais.

Nu causo di Oropretto, u guvernimo minêro stava intrapagliato, perché aquillo lá non rendi nada i era pricisso agastá molto dignêro p'ra non dexá a cittá gai os pedaço. Intó illos pensáro, i inventáro ista indeia geniale da "cittá monomento". Ma só mesimo nista ripubliga intrapagliata puteva avingá una indeia strapafurdima come ista! Una cittá monomento! Pa a Maronna!

Monomento che io cunheço, é o monomento do Verdi nu Largo do Curreu, o monomento du Guaribardi nu giardino da a Luiz, chi servi di pulêro p'rus pardale, o monomento du Carlo Gome nu Largo du Municipale, o monomento du Bilacco che stá na Vinida Baoliste mandáno os tomobile afazê a vorta; io acunheço tambê o monomento do Piranga, chi tê una purçó di genti di a pé i di a cavallo, i acunheço tambê nu Rio di Gianêro o monomento do Gristo arridentore, inzima do Gorcovalo, chi só a gabeza delli é maiore do o Martinelli, i tambê o monomento dos Manequinho, chi só dois minino alivado do o diabo che stó afazeno pixi inzima d'acqua, nu meio da a rua.

Ma ista storia di una cittá intirinha sê uno monomento, é mesimo do otro mondo, i só os minêro era gapaze di inventá, i a Ripubliga Nuóva di levá a serio.

Devi sê esta una das razó perché o Legario Marciali acunvidô p'ra i p'ra Minagerais, primiéro u generalo Vardomirio, disposa u Gitulio, disposa u Pietro Gois, disposa u Protogio, i aóra u Gioareiz cos terventore du Norti, ecc. ecc.

Inzima distu assuntimo, a urtima piada du Legario Marciali, o unigo prisidentimo ingonstituzionale du Brasile, che ficô p'ra amostra da Ripubliga Veglia, fui

Tiradentese, o primiero membaro ingondegorato c'oa ingomenda da "Ordia dus ingonfidenti", vendosi nu piscoço delli o imbremma da "Ordia".

O retorno de Juó Bananére ao jornalismo, em 1933: preservando a irreverência e a blague política.

9.
HERANÇAS

Juó Bananére foi o inventor do macarronismo no Brasil, além de ter sido o único escritor pré-modernista que chegou às massas. Deixou dois herdeiros específicos na ítalo-paulistanidade. Como não poderia deixar de ser, um de alto repertório e outro da esfera popular: no plano literário, seu sucessor foi o escritor modernista Alcântara Machado, o criador de *Brás, Bexiga e Barra Funda: notícias de São Paulo* (1927). Na música popular, o cantor e compositor Adoniran Barbosa, que surgiu no cenário musical dos anos 1940 utilizando-se da fala estropiada do Brás e Bexiga nas letras de seus sambas. Cantava então um "Abaix'o Piques" diferente do antigo e de uma linguagem que se transformou.

Na época em que Adoniran Barbosa compôs suas músicas, as ruas já não tinham mais o "linguajar castiço" de Bananére, e as expressões italianas haviam praticamente se incorporado ao "jeito de dizer" do paulistano: cortando, por exemplo, as concordâncias de número ("nós fomo lá"), pluralizando palavras ("eu tô afins"), ou ainda nas expressões "nós éramo em cinco", "namorar com ela" e nas abreviações ("cê tá aí?"). Mesmo assim, era ainda a presença anônima de Juó Bananére que ecoava nas inspirações do compositor.

Alexandre Ribeiro Marcondes Machado morreu de anemia perniciosa, em 22 de agosto de 1933, com apenas 41 anos de idade. Dele, seus amigos de geração só falaram com respeito, e mesmo não sabendo muito bem como classificá-lo dentro da cultura ou da literatura brasileira, não deixaram de assinalar sua impressionante originalidade.

Alcântara Machado, por ocasião de sua morte, dedicou-lhe um epitáfio comovido, que depois incluiu num capítulo de seu livro *Cavaquinho e saxofone:* "Do escritor só se pode dizer bem. Antes e depois dele muitos tentaram poetar e prosar na linguagem misturada do Brás. Todos ficaram muito longe do autor da *Divina increnca.* O português macarrônico dos italianos de São Paulo teve em Juó Bananére seu grande estilista. Há de ficar clássico. As deformações de sintaxe e da prosódia, aqui italianização da língua nacional, ali nacionalização da italiana, saborosa salada ítalo-paulista das costureirinhas, dos verdureiros, dos tripeiros, também de alguns milionários e de vários bacharéis, todos eles com raras exceções torcedores do Palestra, os interessados podem estudar nos textos de Juó Bananére. Modelos de estilo [...] Quanto ao engenheiro Alexandre Ribeiro Marcondes Machado, emprestou tanta vida à sua criatura que ela o escondeu. E, no caso, isso é o que se chama glória literária".

Oswald de Andrade, por sua vez, numa conferência pronunciada no auditório da Biblioteca Mário de Andrade, em 1945, sobre "A Sátira na Literatura Brasileira", não hesitou em chamá-lo de mestre no gênero.

Porém, não foi apenas por ter sido o inventor do macarronismo que Juó Bananére se tornou um inovador, mas principalmente por sua consciência da paródia como uma nova forma de criação.

Antes de qualquer outro escritor modernista brasileiro, e ao mesmo tempo que alguns importantes autores latino-americanos, Juó Bananére percebeu que na paródia podia "encontrar uma maneira de dessacralizar tanto os modelos da cultura ocidental, como a imitação servil desses modelos pelos escritores da oficialidade" (Monegal).

Juó Bananére participa da mesma linha estética dos autores cuja escritura polifônica e dialógica, com uma padronização da língua em sua semântica e em sua fonética, convertem a "polifonia de Bakhtin em um exercício não apenas intertextual mas também intratextual" (Monegal).

Por essa mesma razão sua obra ecoa não só em Alcântara Machado, seu reconhecido sucessor, mas em diversas manifestações modernistas.

Ele é o início modernista (ainda primitivo) de uma tradição literária brasileira e latino-americana de carnavalização e paródia como procedimentos estéticos, que tem, na América Latina, nomes como Lezama Lima e Jorge Luis Borges; no Brasil dos anos 1920, nomes como Oswald de Andrade e Mário de Andrade (de *Macunaíma*); e que nos anos 1930 vai encontrar parentesco tanto nos riquíssimos experimentos paródicos de um João Guimarães Rosa e até de uma Clarice Lispector dos primeiros contos e romances, como nos dias de hoje, nas obras de Manuel Puig, Severo Sarduy, e na Galáxia fragmentária e em progresso de um Haroldo de Campos. Lembrando palavras do ensaísta Emir Rodrigues Monegal, "todos esses nomes literários e as obras que os ilustram são um testemunho suficiente de que a tradição latino-americana de paródia é demasiado importante para ser vista apenas como uma linha marginal. Por aí passa a corrente mais fecunda de nossa literatura"[1].

Como diria Marshall McLuhan, "paródia é um caminho que se desenvolve ao lado de outro caminho". Juó Bananére, em 1911, quando deu início à sua literatura, com impressionante lucidez, já sabia disso.

Não sei se poderíamos classificá-lo, por isso, como um "gênio literário", mas, com certeza, por ter sido um dos primeiros a descobrir procedimentos estéticos fundamentais a toda uma época, como um escritor de genialidades. Repetindo os dizeres da artista norte-americana Gertrud Stein, "o gênio não é aquele que está na frente de sua época, mas aquele que melhor compreende sua época".

Por todas essas razões, está na hora de Juó Bananére ser integrado à literatura brasileira, como bem merece. A história literária está em dívida com Juó Bananére. Deve-

---

[1] Emir Rodrigues Monegal, *op. cit.*

se imediatamente legitimar o que disse do escritor, já em 1945, o poeta antropófago Oswald de Andrade: respeitá-lo como um mestre no seu gênero. E endossar a benfazeja previsão de Alcântara Machado, tornando o escritor macarrônico definitivamente um clássico do Modernismo, ao lado de outros grandes criadores de sua geração.

CRONOLOGIA

1892 Em 11 de abril, nasce em Pindamonhangaba, interior de São Paulo, Alexandre Ribeiro Marcondes Machado. Filho de José Francisco Ribeiro Marcondes Machado e de Mariana Machado. Vinha de uma família paulista tradicional, de remotíssima origem veneziana (da família dos Maricondi).

1896 Com apenas 3 anos de idade, Alexandre Machado fica órfão de pai. Muda-se, então, com a família, para Araraquara, onde fará todo o curso primário. Nessa época, Alexandre Machado, que tinha o apelido de "Sinhô", começa a se interessar por literatura e a compor versos humorísticos que circulavam em jornaizinhos manuscritos da cidade. Muda-se depois para Campinas, indo estudar no Ginásio do Estado, onde termina o curso secundário de humanidades. Nessa época, para ajudar financeiramente a família, Alexandre Machado ingressa profissionalmente no jornalismo. Sua personalidade independente não admitia patrões, por isso, ainda que mal remunerado, resolve ser cronista avulso de jornal.

1911 Já em São Paulo, ingressa na Faculdade Politécnica da USP. A vida de estudante é de muita dureza, por isso mesmo, ao lado dos estudos, ele dá início a uma intensa atividade jornalística: em 14 de outubro de 1911 escreve sua primeira crônica para *O Pirralho*, já com o pseudônimo de Juó Bananére, na seção "Cartas d'Abax'o Pigues", substituindo o escritor Oswald de Andrade, que assinava essa coluna com o pseudônimo de Annibale Scipione. Nessa época, torna-se amigo de Oswald de Andrade, do cartunista Voltolino, de Monteiro Lobato e de outros artistas e escritores do período.

1913 Cria a seção "O Rigalegio", dentro do próprio *O Pirralho*. Nesse mesmo ano, publica em *O Pirralho* sua estranha peça teatral, *A guerra italo-turca: comédia em um acto*, ilustrada por Voltolino.

1915 Retoma a seção "Cartas d'Abax'o Pigues" até 16 de novembro desse mesmo ano, quando, por causa de duas crônicas — "A Vesta du Bilaco" e "O Nazionalizimo" — em que atacava o poeta parnasiano Olavo Bilac, é mandado embora do jornal. Em maio de 1915, Juó Bananére publica seu livro *La divina increnca*, e logo em seguida, ao lado de Voltolino e de outros escritores de *O Pirralho*, lança o tablóide *O Queixoso*, uma publicação independente criada para criticar os abusos políticos de Altino Arantes (candidato à presidência do estado de São Paulo). Nessa revista, ele cria a seção "S'Empr'Avanti, proprietá da firma Juó Bananére & figlios".

1916 Participa de outra edição independente, *Vespa*, criada pelo mesmo grupo de *O Queixoso* e com o mesmo propósito de atacar Altino Arantes e outros políticos do período. Sai a segunda edição, ampliada, de *La divina increnca*, com 77 páginas, em que inclui sua peça teatral *A ceia dos avaccagliado*.

1917 Forma-se engenheiro (mas só retira o diploma em 1926). Lança o opúsculo *Galabáro*, ao lado de Moacir Piza, que assina o livro como Antônio Paes. Dá inicio às suas atividades no teatro. Participa da concepção de uma comédia que será apresentada 58 vezes pela Companhia Arruda e, com Danton Vampré e Euclides de Andrade, escreve uma outra peça, *Você vai ver*. Sai a terceira edição de *La divina increnca*, ampliada com as duas crônicas de "Crimos Celebros".

1918 *La divina increnca* torna-se o grande acontecimento da temporada teatral: estruturada em dois atos, sete quadros e uma apoteose (com música de L. Alves Silveira), a comédia é montada pela mesma Companhia Arruda, no Teatro Boa Vista, e fica em cartaz durante 36 apresentações.

1919 Com a bem-sucedida empresa de construção Sampaio Machado, numa associação com Otávio Ferraz Sampaio, colega de turma no ginásio e na Escola Politécnica, inicia sua intensa atividade como engenheiro e arquiteto: os projetos arquitetônicos para Araraquara datam de 14 de fevereiro de 1919. Viaja por Minas Gerais em visita às cidades históricas e escreve o livro *A arquitetura colonial no Brasil*, um álbum ricamente ilustrado sobre a arquitetura barroca mineira. Lança a peça *Vai dar o que falar*, que só chega a sete apresentações.

1925 Sai a nona edição do livro *La divina increnca*, agora com 134 páginas, já que inclui mais oito poemas paródicos no final.

1931 Lança dois pequenos discos pela Columbia, em que declama quatro poemas: "Non Fui Ista a Inrevoluçó que Io Sugné", "O Indiscobrimento do Brazil", "O Lobo i u Gorderigno" e "U Cavagnac".

1933 Em maio, volta a atuar na imprensa, lançando o jornal *Diario do Abax'o Piques*: "diario semanale di grande inpurtanza". Nesse mesmo ano, em 22 de agosto, falece em São Paulo, com apenas 41 anos, de anemia perniciosa. O escritor não teve filhos; foi casado com Diva Melo Barreto, que morreu três anos depois dele.

1966 A Falco Massucci Editora, de São Paulo, relança *La divina increnca*, respeitando a edição de 1925 e incluindo um glossário no final do livro, traduzindo algumas gírias e personagens do universo bananérico, além de trazer uma apresentação de Mário Leite.

BIBLIOGRAFIA

ANDRADE, Oswald de. "A Sátira na Literatura Brasileira", São Paulo, 21/8/1945. Conferência pronunciada no auditório da Biblioteca Municipal Mário de Andrade, cópia taquigrafada.

___________. "Manifesto da Poesia Pau-Brasil", *in Correio da Manhã*, Rio de Janeiro, 18/03/1924.

___________. *Um homem sem profissão: sob as ordens de mamãe*. São Paulo: Globo, 1990.

ARAÚJO, Vicente de Paula. *Salões, circos e cinemas de São Paulo*. São Paulo: Perspectiva, 1981.

BAKHTIN, Mikhail. *A cultura popular na Idade Média e no Renascimento*. São Paulo: Hucitec, 1987.

BANANÉRE, Juó. "Cartas d'Abax'o Pigues", *in O Pirralho*, São Paulo, 1910 a 1915. Setor de Documentos da Biblioteca Municipal.

___________. *La divina increnca*. São Paulo: Falco Massucci, 1966.

BANANÉRE, Juó; PAES, Antônio. *Galabáro*. São Paulo, 1917. Edição independente.

BASBAUM, Leôncio. *História sincera da República*, 3ª ed. São Paulo: Alfa-Ômega, 1968.

BELLUZZO, Ana Maria de Morais. *Voltolino e as raízes do Modernismo*. Rio de Janeiro: Marco Zero, 1992.

BERGSON, Henri Louis. *Le rire, essai sur la signification du comique*, 9ª ed. Paris: Presses Universitaires de France, 1950.

BILAC, Olavo. *Poesias*. São Paulo: Círculo do Livro, 1980.

BOAVENTURA, Maria Eugênia. *O salão e a selva*. São Paulo: Ex Libris, 1995.

BORGES, Jorge Luis. *Discussão*. São Paulo: Difel, 1985.

BORNHEIM, Gerd A. *O sentido e a máscara*. Coleção Debates, nº 8. São Paulo: Perspectiva, 1975.

BOSI, Alfredo. *História concisa da literatura brasileira*. São Paulo: Cultrix, 1975.

BROCA, José Brito. *A vida literária no Brasil: 1900*, 3ª ed. Coleção Documentos Brasileiros. Rio de Janeiro: José Olympio, 1975.

___________. "Bilac e Juó Bananére", *in Correio da Manhã*, Rio de Janeiro, 01/05/1959.

BUARQUE DE HOLANDA, Sérgio. *Cobra de vidro*, 2ª ed. Coleção Debates, nº 56. São Paulo: Perspectiva, 1978.

____________. *Raízes do Brasil*, 21ª ed. Coleção Documentos Brasileiros. Rio de Janeiro: José Olympio, 1990.

CAMPOS, Augusto de. "Belli, Diabolus in Poesia", *in A margem da margem*. São Paulo: Companhia das Letras, 1989.

CAMPOS, Haroldo de. *A arte do horizonte do provável*. São Paulo: Perspectiva, 1977.

____________. "A Escritura Mefistofélica: Paródia e Carnavalização do *Fausto* de Goethe", *in Revista Tempo Brasileiro*, nº 62, jul./set. 1980.

____________. "Apresentação" a *Oswald de Andrade: trechos escolhidos*. São Paulo: Agir, 1967.

____________. *A operação do texto*. São Paulo: Perspectiva, 1976.

____________. "Iracema", *in Revista USP*, nº 5, mar./mai. 1990.

____________. *Metalinguagem*. São Paulo: Cultrix, 1976.

CANDIDO, Antonio. "Dialética da Malandragem", *in O discurso e a cidade*, São Paulo: Duas Cidades, 1993. Publicado originalmente *in Revista do Instituto de Estudos Brasileiros*, nº 8. São Paulo, 1970.

CARELLI, Mario. *Carcamanos e comendadores*. São Paulo: Ática, 1985.

CARONE, Edgar. A *República Velha*. São Paulo: Difusão Européia do Livro, 1971.

CARPEAUX, Otto Maria. "A Divina Increnca", *in Manchete*, Rio de Janeiro, 21/04/1975.

____________. "Uma Voz da Democracia Paulista", *in Diário de São Paulo*, 12/06/1955.

____________. *Vinte e cinco anos de literatura*. Rio de Janeiro: Civilização Brasileira, 1968.

COSTA, Cruz. *Pequena história da República*. Rio de Janeiro: Civilização Brasileira, 1974.

COUTINHO, Afrânio. *Notas de teoria literária*. Rio de Janeiro: Civilização Brasileira, 1976.

ECO, Umberto. *Viagem da irrealidade contemporânea*, 6ª ed. Rio de Janeiro: Nova Fronteira, 1984.

ENCICLOPÉDIA NOSSO SÉCULO, vol. 2. São Paulo: Abril Cultural, 1980.

FERREIRA, Joaquim. *História da literatura portuguesa*, 4ª ed. Porto: Editorial Domingos Barreira, 1971.

FONSECA, Cristina. *O pensamento vivo de Fernando Pessoa*. São Paulo: Martin Claret, 1986.

FRAGA, Eudinyr. *Qorpo-Santo: surrealismo ou absurdo?* Coleção Debates, nº 212. São Paulo: Perspectiva, 1988.

FRANCESCHINI, Luiz. "As Sátiras de Juó Bananére Não o Pouparam do Esquecimento", *in Shopping News*, São Paulo, 21/11/1965.

GUIMARÃES, Alberto Prado. "Juó Bananére, Humorista de Zan Paolo", *in Revista Politécnica*, São Paulo, dez. 1992.

HUTCHEON, Linda. *A theory of parody*. Nova York, s. n., 1985.

JAKOBSON, Roman. *Lingüística, poética, cinema*. São Paulo: Perspectiva, 1970.

LEITE, Mário. "Prefácio" à 10ª edição de *La divina increnca*. São Paulo: Irmãos Marrano, 1966.

LEMOS, Fernando Cerqueira. "O Giurnaliste Juó Bananére e o Engenheiro Alexandre Machado", *in Folha de S. Paulo*, 28/08/1979.

LIGUANOTO, Daniel. "Breves Apontamentos: sobre Bananére", *in Correio da Manhã*, Rio de Janeiro, 28/03/1948.

MACHADO, Antônio de Alcântara. *Brás, Bexiga e Barra Funda: notícias de São Paulo*. Belo Horizonte: Villa Rica, 1994.

__________. "Cavaquinho e Saxofone", *in Novelas paulistanas*, 3ª ed. Rio de Janeiro: José Olympio, 1973.

__________. *Cavaquinho e saxofone*. Rio de Janeiro: José Olympio, 1940.

MACHADO, Arlindo. *A arte do vídeo*. São Paulo: Brasiliense, 1988.

__________. *A ilusão especular*. São Paulo: Brasiliense, 1986.

MACHADO, Irene. *A analogia do dissimilar*. São Paulo: Perspectiva, 1989.

MARCONDES, Athayde. *Pindamonhangaba*. Publicação feita por familiares de Marcondes Machado.

MARTINS, Wilson. *História da inteligência brasileira*, vol. 6. São Paulo, Cultrix/Edusp, 1976.

MARZOLA, Nádia. "Bela Vista", *in História dos bairros de São Paulo*, vol. 15. São Paulo, 1979, pp. 40-7. Publicado pela Secretaria Municipal de Cultura e pelo Departamento do Patrimônio Histórico. Divisão do Arquivo Histórico.

MENEZES, Raimundo. *Dicionário literário brasileiro*. Rio de Janeiro: LTC, 1978.

__________. "Juó Bananére", *in O Estado de S. Paulo*, 28/11/1948.

MOYA, Salvador. *Descendentes de participantes da Independência do Brasil*. São Paulo: Biblioteca Genealógica Brasileira, 1972.

MONEGAL, Emir Rodriguez. "Carnaval, Antropofagia, Paródia", *in Revista Tempo Brasileiro*, nº 62, jul./set. 1980.

__________. *Borges: uma poética da literatura*. São Paulo: Perspectiva, 1980.

PERLOFF, Marjorie. *O momento futurista*. São Paulo: Edusp, 1993.

PETTINATI, Francesco. "Vita, Gloria e Miracoli del Fanfulla di Ieri e di Oggi. Gli Umoristi", *in Fanfulla*, São Paulo, 04/10/1964, p. 3.

PIGNATARI, Décio. *Contracomunicação*. Coleção Debates, nº 44, 2ª ed. São Paulo: Perspectiva, 1973.

__________. *Semiótica & literatura*. São Paulo: Cultrix, 1987.

__________. *Informação, linguagem, comunicação*, 10ª ed. São Paulo: Cultrix, 1992.

PINTO, Manuel de Souza. *Terra moça: impressões brasileiras*. Porto: Livraria Chardron, 1910.

PLAUTO e TERÊNCIO. *A comédia latina*, tradução e notas de Agostinho da Silva. Coleção Universidade. São Paulo: Edições de Ouro, 1979.

POUND, Ezra. *ABC da literatura*. São Paulo: Cultrix, 1973.

PRADO, Paulo. "Poesia Pau-Brasil", *in* Andrade, Oswald de, *Pau-Brasil* (1925). São Paulo: Globo, 1990.

RABELAIS, François. *Gargântua* e *Pantagruel*. Paris: Le Livre de Poche, 1991.

___________. *Gargântua*, tradução de Aristides Lobo. Coleção Universidade de Bolso. Rio de Janeiro: Ediouro, 1980.

___________. "República", *in Jornal da Tarde*, "Caderno de Sábado", São Paulo, 11/11/1989.

RIBEIRO DE OLIVEIRA, Carolina Rennó. *Biografias de personalidades célebres*, 14ª ed. São Paulo: Lisa, 1978.

RODRIGUES, A. Medina; CASTRO, Décio A.; TEIXEIRA, Ivan P. "O Modernismo", *in Antologia da literatura brasileira*, vol. 2. São Paulo: Marco, 1979.

SALIBA, Elias Thomé. "Juó Bananére e o Humor Ítalo-caipira", *in Revista Vozes*, Petrópolis, nº 3, mai./jun. 1992.

SANTAELLA, Maria Lúcia. "O Signo À Luz do Espelho", *in Folha de S. Paulo*, Folhetim, 16/09/1984.

SCHNAIDERMAN, Boris. "Paródia e 'Mundo do Riso'", *in Revista Tempo Brasileiro*, nº 62, jul./set. 1980.

SCHUARTZ, Jorge. *Vanguarda e cosmopolitismo*. São Paulo: Perspectiva, 1983.

SILVEIRA, Miroel. *A contribuição italiana ao teatro brasileiro*. Brasília: Quiron/INL-MEC, 1970.

TOLEDO, Benedito Lima. "O Piques e a Memória", *in Anhangabaú*. Livro-brinde patrocinado pela Fiesp/Ciesp.

VIEIRA, Trajano. *Projeto/pesquisa sobre o escritor macarrônico Juó Bananére*. São Paulo: Idart, 1984.

ZUMTHOR, Paul. *A letra e a voz: a literatura medieval*, tradução de Amálio Pinheiro e Jerusa Pires Ferreira. São Paulo: Companhia das Letras, 1993.

CONSULTAS

Setor de Documentos da Biblioteca Municipal Mário de Andrade, São Paulo, SP. Jornal O *Pirralho*, semanários de 1910 a 1915 (artigos de Juó Bananére).

Setor de Livros Raros da Biblioteca Municipal Mário de Andrade, São Paulo, SP.

Arquivos dos jornais *O Estado de S. Paulo* e *Folha de S. Paulo*.

Setor de microfilmes da Biblioteca Municipal Mário de Andrade, São Paulo, SP.

Arquivo pessoal de Lourdes Marcondes Machado e de Francisco Versaci.

AGRADECIMENTOS

Ary Borges, Susana Marta Isay-Saad, Virgínia Drummond, Dulce Horta, Silvio Horta (Tuca), Nina Horta, Irene Machado, Maria Lúcia Santaella, Carlos Rennó, Boris Schnaiderman, Arlindo Machado, Celso Hatore, Isaías Drummond Silva, Alcina D'A. Fonseca Drummond Silva, Lígia de Campos, Roberto de Oliveira, Haroldo de Campos, Mônica Costa, Luiz Franceschini.

SOBRE A AUTORA

Cristina Fonseca nasceu em São Paulo, em 1959. Formou-se em Língua e Literatura Portuguesa pela Universidade de São Paulo e em Jornalismo pela Fundação Cásper Líbero, concluindo o mestrado em Comunicação e Semiótica na Pontifícia Universidade Católica de São Paulo com tese sobre Juó Bananére. A partir de 1994, passou a organizar cursos de edição de textos para TV, e de roteiro e direção de Cinema e TV nos centros de artes do SENAC. Publicou seis livros de ensaios sobre arte e literatura, além de artigos nos principais jornais e revistas do país. Desde 1985, trabalha em televisão, tendo participado de várias séries de documentários, inicialmente na TV Globo e em seguida na TV Cultura, onde foi uma das responsáveis pela implantação e chefia da Divisão de Programas do Exterior e, posteriormente, do Núcleo de Documentários Nacionais.

Seus principais trabalhos como diretora e roteirista são: "Teatro: Cenas da Origem" (1998); "Dança: Cenas da Origem" (1998); "*Duas Águas*: João Cabral de Melo Neto" (1997); "*Os Sertões*: Euclides da Cunha" (1995); "Pioneiros da Saúde I/II" (1994); "Nelson Rodrigues: Personagem de Si Mesmo" (1993); "Poetas de Campos e Espaços" (1992); "A Embaixatriz do Samba" (1992) e "Miramar de Andrade" (1990).

Este livro foi composto em Sabon pela Bracher & Malta, com fotolitos do Bureau 34 e impresso pela Bartira Gráfica e Editora em papel Alta-Alvura 75 g/m^2 da Cia. Suzano de Papel e Celulose para a Editora 34, em agosto de 2001.